CCTV Français

中国中央电视台法语国际频道 / 编

同舟共济

（汉法对照）

Chine-Afrique

Un destin partagé et scellé depuis 60 ans

60 portraits pour 60 ans de l'amitié sino-africaine

一甲子

中非建交60周年人物录

长江出版传媒　湖北科学技术出版社

《同舟共济一甲子：中非建交60周年人物录》编委会

序言

Avant-propos

同舟共济一甲子，携手迈向新时代

Un destin partagé et scellé depuis 60 ans qui progresse vers une nouvelle ère

中非友谊源远流长。1956 年 5 月，新中国同埃及建立外交关系，开启了中非关系历史新篇章。60 年来，中国同非洲真诚相待、患难与共，已成为同舟共济的好兄弟、共同发展的好伙伴、同心同德的好朋友，为维护各自的国家独立、主权、尊严和利益始终相互理解、相互支持，同时坚定维护广大发展中国家的共同利益。

L’amitié entre la Chine et l’Afrique a une longue histoire. En mai 1956, l’établissement des relations diplomatiques entre la République populaire de Chine et l’ Égypte ouvre une nouvelle page des relations sino-africaines. La Chine et l’Afrique s’entendent sincèrement, partagent bonheurs et malheurs depuis 60 ans, créant ainsi des liens de solidarité absolue, et sont des partenaires de développement commun, et des amis d’un même coeur et d’une même volonté. Pour défendre chacune leur indépendance, leur souveraineté, leur dignité et leurs intérêts, la Chine et l’Afrique ont toujours été attachées à la compréhension mutuelle et au soutien réciproque. Elles protègent également fermement l’intérêt commun des pays en développement.

2000 年 10 月中非合作论坛成立，首创中国与发展中国家集体对话合作的重要平台，成为引领国际社会对非合作的一面旗帜，推动中非关系进入了全面发展的快车道。中国已成为维护非洲和平、促进非洲自主可持续发展的重要推动力量。

En octobre 2000, le Forum sur la Coopération Sino-Africaine (FCSA) a été fondé. C’est la première plateforme pour le dialogue et la coopération entre la Chine et les pays en développement, constituant un fer de lance pour la coopération entre la communauté internationale et l’Afrique. Sous l’impulsion du Forum, les relations sino-africaines se sont engagées sur une voie rapide. La Chine est devenue une force incontournable pour la défense de la paix et du développement autonome durable de l’Afrique.

2013 年 3 月，习近平主席首次出访就到访非洲，并提出了真实亲诚对非政策理念和正确义利观。2015 年 12 月，中非合作论坛约翰内斯堡峰会取得巨大成功，中非领导人一致决定将中非关系提升为政治上平等互信、经济上合作共赢、文明上交流互鉴、安全上守望相助、国际事务中团结协作的全面战略合作伙伴关系，习近平主席在峰会上提出了开启中非合作共赢、共同发展的新时代，并宣布未来 3 年中非重点实施以工业化和农业现代化为核心的“十大合作计划”，赢得非洲国家的强烈共鸣和积极响应。

En mars 2013, le président Xi Jinping a choisi l'Afrique comme destination lors de sa première visite à l'étranger après son entrée en fonction. Il a proposé le principe « Authenticité, pragmatisme, amitié et sincérité » à l'égard de l'Afrique et la juste conception sur la justice et les intérêts. En décembre 2015, le Sommet de Johannesbourg du FCSA a été un grand succès. Les dirigeants chinois et africains ont consenti à élever les relations sino-africaines au rang de partenariat de coopération stratégique globale, préconisant l'égalité et la confiance mutuelle sur le plan politique, la coopération gagnant-gagnant sur le plan économique, les échanges sur le plan culturel, la solidarité et l'assistance sur le plan sécuritaire, et l'unité, la coopération et la coordination dans les affaires internationales. Pendant le Sommet, le président Xi Jinping a proposé d'ouvrir une nouvelle ère de coopération gagnant-gagnant et de développement commun entre la Chine et l'Afrique. Il a aussi annoncé que « Dix grands programmes de coopération » sino-africaine concentrés sur l'industrialisation et la modernisation de l'agriculture seraient mis en œuvre dans les trois années suivantes. Cela a créé de grandes résonances et des réponses actives parmi les pays africains.

中非从来都是休戚与共的命运共同体和合作共赢的利益共同体。中非友好的历史已经并将继续证明，无论国际风云如何变幻，中非致力于团结、合作、共赢的决心坚定不移，中国对非洲和平发展事业的支持坚定不移。中非友好合作已站在新的历史起点上，承载着中非 24 亿人民的共同梦想，迎来了新的历史机遇。中国愿同非洲密切协作，共同把中非传统友好和政治互信转化为深化合作的动力，助力非洲把丰富的自然资源和人力资源优势转化为更多合作成果，惠及中非人民。

La Chine et l'Afrique sont depuis toujours une communauté au destin et à l'intérêt communs. L'histoire de l'amitié sino-africaine a prouvé et continuera de prouver que, malgré les vicissitudes internationales, la Chine et l'Afrique seront toujours attachées fermement à la solidarité, à la coopération et au bénéfice mutuel et que la Chine persévérera dans le soutien pour le développement pacifique de l'Afrique. A son nouveau point de départ, la coopération sino-africaine, sur laquelle vit le rêve commun de 2,4 milliards de Chinois et Africains, rencontre une nouvelle opportunité historique. La Chine veut coopérer étroitement avec l'Afrique, transmettre l'amitié traditionnelle et la confiance mutuelle sur le plan politique en une force motrice du renforcement de la coopération, afin d'aider l'Afrique à transmettre ses riches ressources naturelles et humaines en fruits de coopération qui bénéficient aux peuples chinois et africains.

为纪念开启中非关系60周年，中国中央电视台法语频道推出《同舟共济一甲子》电视系列专题片及人物录，讲述了中非各领域友好互利合作具有代表性的60个人物故事，从不同层次和角度生动诠释了中非友好的真谛，给观众和读者带来了深刻启迪。

Pour commémorer le 60e anniversaire de l'établissement des relations diplomatiques sino-africaines, CCTV-Français propose une émission spéciale, « Chine-Afrique, un destin partagé et scellé depuis 60 ans », racontant l'histoire de 60 personnes représentatives des coopérations amicales gagnant-gagnant dans différents domaines, afin d'interpréter l'essence de l'amitié sino-africaine à différents niveaux et sous différents angles, et d'apporter une inspiration profonde aux téléspectateurs.

中国外长新年第一次出访都要去非洲，到兄弟般的非洲朋友家里去做客，这个好传统已延续了26年。每次访非都让我深刻感受到非洲政府和人民对中国政府和人民的深情厚谊，深刻感受到中非合作共赢、共同发展的广阔前景。在此，我谨向本书中60位人士致以深深的敬意，并愿与大家一道，坚定致力于中非友好合作事业。

Le ministre chinois des Affaires étrangères effectue toujours sa première visite après le Nouvel An en Afrique, chez les frères africains, et cela constitue une tradition depuis 26 ans. Chaque visite en Afrique me fait ressentir l'amitié profonde que les gouvernements et peuples africains gardent à l'égard du gouvernement et du peuple chinois, ainsi qu'une vaste perspective de coopération gagnant-gagnant et de développement commun entre la Chine et l'Afrique. Ici, je tiens à exprimer mes sincères salutations aux 60 personnes de ce livre et j'espère œuvrer avec vous pour la coopération amicale entre la Chine et l'Afrique.

中华人民共和国外交部部长 王毅

Ministre chinois des Affaires étrangères Wang Yi

2016年11月16日 于北京

Le 16 novembre 2016, à Beijing

Chine-Afrique

Un destin partagé et scellé depuis 60 ans :

60 portraits pour 60 ans de l'amitié sino-africaine

同舟共济一甲子：

中非建交60周年人物录

中莫友谊万岁
人 民 对 外 友

01

艾哈迈德：Ahmed Tirkawy:

愿为中非友谊化身为桥

Créer un lien entre Yiwu et l'Afrique

义乌的苏丹商人

Commerçant soudanais de Yiwu

每个月，在义乌经商的苏丹人艾哈迈德都会和公益俱乐部的朋友们一起探访义乌周边的敬老院。这个俱乐部的成员来自世界各地，有中国人，也有外国面孔，他们都已在义乌经商多年。作为其中的一员，艾哈迈德希望用自己的细心陪伴为敬老院的老人们送去温暖与快乐，以此回馈这个无限包容他的社会。

Tous les mois, Ahmed Tirkawy, commerçant soudanais de Yiwu, rend visite aux pensionnaires des maisons de retraite situées en périphérie de la ville, en compagnie de ses amis du club de charité. Ce dernier regroupe des commerçants à la fois chinois et étrangers établis à Yiwu depuis des années. En tant que membre fondateur, Ahmed nous rappelle qu'à travers le temps passé aux côtés des personnes âgées, il espère rendre une partie de ce que cette société lui a si généreusement accordé.

"衣服、吃的，肯定有别的人给他们，但是这些都不是最重要的。我们给他们一点儿时间，我们来看他们，他们肯定很高兴。我刚刚看望了一位老人，他差不多 92 岁了，可能他以前没有看见过外国人，今天他看到了许多外国人，他真的开心。"

«Il y a forcément des gens qui leur donnent déjà des vêtements et de la nourriture, mais ce n'est pas ce qui est le plus important. Nous voulons leur donner un peu de notre temps, car le fait d'être à leurs côtés les rend heureux. Je viens juste de passer un moment avec un des pensionnaires âgé de 92 ans. Il n'avait peut-être jamais vu d'étranger avant nous, et pourtant il était très heureux de nous rencontrer. »

2015 年，埃博拉病毒肆虐非洲大陆。浙江大学医学院附属第一医院在完成了埃博拉病毒疫苗的第一阶段临床试验后，亟须确认该疫苗对非洲族裔的安全性。得知消息以后，艾哈迈德在当年 5 月作为第一名志愿者参与了疫苗试验。面对药物副作用的风险以及家人的担心，艾哈迈德充分展示了自己的勇气和善心，毫不迟疑地接受了注射，为埃博拉病毒的预防和控制做出了可贵的贡献。

En 2015, le virus Ebola ravageait l'Afrique. Mais à l'époque, les équipes de l'Hôpital N°1 affilié à la Faculté de médecine de l'Université du Zhejiang venaient de réaliser les premiers essais cliniques du vaccin contre le virus Ebola, et avaient besoin de réaliser en urgence des tests de fiabilité sur des Africains. Dès le mois de mai, Ahmed a été le premier volontaire à servir de cobaye malgré les risques encourus et les inquiétudes de sa famille. Sa contribution fut essentielle pour les avancées réalisées dans la prévention et le contrôle de l'épidémie sur le continent.

“那个时候很多的非洲人死了，我想那个疫苗必须要有人试一下。如果有问题，医生可以解决。如果那个疫苗我自己用过没有问题，我真的高兴。生活不仅仅是做生意，生活也不仅仅是吃饭，生活还应该是帮助别人。”

« À cette époque, les gens mouraient en Afrique, je me sentais obligé de participer aux essais cliniques. Les médecins étaient là pour remédier à la moindre complication. J'ai donc testé le vaccin, et je n'ai eu aucun problème, j'étais donc très satisfait. La vie ne se limite pas à faire du commerce, ni à boire ni à manger, mais elle prend tout son sens quand on vient en aide aux gens. »

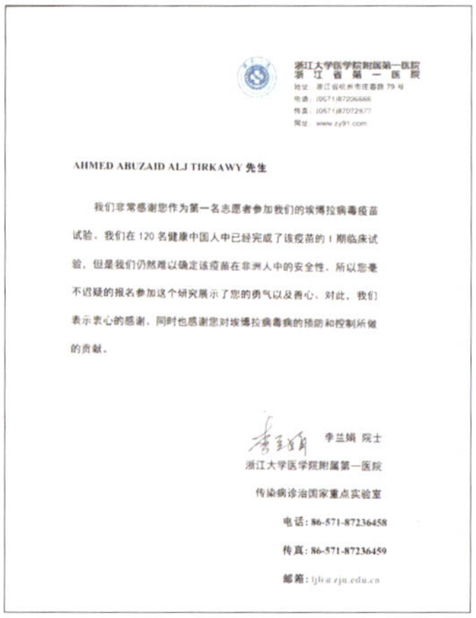

浙江大学医学院附属第一医院
浙江省第一医院
地址：浙江省杭州市庆春路79号
网址：www.zy91.com

AHMED ABUZAID ALJ TIRKAWY 先生

我们非常感谢您作为第一名志愿者参加我们的埃博拉病毒疫苗试验。我们在120名健康中国人中已经完成了该疫苗的I期临床试验，但是我们仍然难以确定该疫苗在非洲人中的安全性。所以您毫不迟疑的报名参加这个研究展示了您的勇气以及善心。对此，我们表示衷心的感谢。同时也感谢您对埃博拉病毒病的预防和控制所做的贡献。

李兰娟 院士
浙江大学医学院附属第一医院
传染病诊治国家重点实验室
电话：86-571-87236458
传真：86-571-87236459
邮箱：ljli@zju.edu.cn

艾哈迈德家在苏丹长期经营布料生意，他原本打算毕业后加入家族企业，可一到义乌，艾哈迈德就被当地浓厚的商业气息深深吸引了。于是，他当机立断，决定留在这里专门从事进出口贸易。创业伊始，由于人生地不熟，再加上欠缺经验，艾哈迈德在事业起步阶段还是遇到了一些挫折。

Issu d'une vieille famille soudanaise spécialisée dans le commerce des tissus, Ahmed comptait naturellement intégrer l'entreprise familiale une fois diplômé. Mais le jeune homme a tout de suite été conquis par l'atmosphère commerciale intense de la ville. Il décida alors de s'y établir. À ses débuts, il essuya néanmoins de nombreux revers en raison de son manque d'expérience dans le monde des affaires.

“起初生意很难做。一开始做生意时我没带翻译，我自己订货，我自己订集装箱，全部都得我自己做。我告诉自己等一年的时间，如果可以，我就继续做。如果不行，我就回苏丹了。”

« À mes débuts, je ne savais pas comment m'y prendre. Je n'avais même pas de traducteur, je passais seul les commandes, je chargeais seul les conteneurs, je faisais tout moi-même. Je m'étais donné un an, si j'étais en mesure de continuer alors je restais, sinon je rentrais au pays. »

经过几个月的学习和摸索，艾哈迈德公司的口碑就传开了，得益于他自己懂中文，做生意讲诚信，越来越多的非洲客户开始与艾哈迈德合作。如今，他的公司平均每个月都有 100 多个集装箱发往非洲。告别了最初的单打独斗，现在艾哈迈德的公司已经有了 8 名员工。自己在中国站稳脚跟以后，他还积极地向他的苏丹老乡们推荐义乌。

Après quelques mois d'apprentissage, et grâce à ses progrès réalisés en chinois et à son sérieux dans les affaires, la réputation de son entreprise n'a fait que grandir parmi ses nombreux clients africains. L'entreprise compte désormais 8 salariés et exporte plus d'une centaine de conteneurs par mois. Aujourd'hui, Ahmed est l'un des porte-étendards de Yiwu au sein de la communauté des commerçants soudanais.

“外国人可以生活在义乌。这里有很多穆斯林餐厅，可以买到面包，有清真寺可以做礼拜，小孩子有学校可以去读书，在义乌生活很方便。”

« Les étrangers peuvent facilement s'intégrer à Yiwu, la vie y est facile en raison des restaurants et des boulangeries musulmanes, il y a également de nombreuses mosquées réparties à travers la ville, et nos enfants peuvent étudier dans des écoles spécialisées. La vie est très pratique à Yiwu. »

在义乌工作、生活了13年以后，艾哈迈德已经彻底融入了这里。他希望自己成为一座“桥”，连接义乌与非洲的“桥”。义乌对他来说不仅仅是一个积累财富的地方，在这儿，他认识了许多朋友，他们一起工作，一起参加各种文体活动，互相扶持，一路欢笑。

Ahmed a passé les 13 dernières années à Yiwu. Il espère ainsi devenir un « pont » entre sa ville d'adoption et son continent d'origine. Yiwu est à ses yeux bien plus qu'un lieu synonyme de richesses matérielles, il s'agit désormais de l'endroit où il se retrouve avec ses nombreux amis afin de travailler et participer ensemble à diverses activités de loisirs, et se soutenir mutuellement dans la joie et la bonne humeur.

“我们现在住在义乌，孩子们都生长在义乌，很多义乌人，他们13年来每天都看到我，他们觉得我不是外国人。我觉得我自己是义乌人。”

« Nous vivons à Yiwu, nos enfants ont grandi ici, je côtoie les mêmes personnes depuis plus de 13 ans maintenant. À leurs yeux, je ne suis plus un étranger. Moi-même, j'ai le sentiment d'appartenir à cette ville. »

艾平：非洲缘

Ai Ping:

Un lien prédestiné

原中共中央对外联络部副部长

Vice-président, Association chinoise pour les échanges internationaux

艾平，原中共中央对外联络部副部长，现任全国政协委员，中国国际交流协会副会长，从事对非工作接近40年。

Ai Ping, ancien directeur adjoint du Département international du Parti communiste chinois, actuel membre du Comité national de la CCPPC et vice-président de l'Association chinoise pour les échanges internationaux, est engagé depuis près de quarante ans aux côtés de l'Afrique.

"中共中央对外联络部，可能不是所有观众都有所了解。简单地说，它就是中国共产党的外交部。负责政府外交工作的是外交部，而党的对外工作部门叫对外联络部。中联部最主要最基本的职能是代表中国共产党同一些国外的政党进行友好交往。"

« Le public ne saisit peut-être pas tout à fait le rôle du « Département international du Comité central du Parti communiste chinois ». Pour faire simple, on peut dire qu'il s'agit du ministère des Affaires étrangères du Parti communiste chinois. Le travail extérieur mené par le gouvernement est appelé "Ministère des Affaires étrangères ", et celui du Département international du Parti est appelé " Département de Liaison internationale ". La fonction principale du Département international est de représenter le Parti communiste chinois pour les échanges amicaux avec les partis politiques étrangers. »

1977年艾平到中联部非洲局参加工作伊始，正是这一年，中国共产党突破性地决定与共产党以外的其他政党首次开展交往，翻开了中共对外交往史上的新篇章。1994年，艾平接待了埃塞俄比亚执政党——埃塞俄比亚人民革命民主阵线（埃革阵）的考察团，陪同他们了解当时中国农业最发达和最不发达的地区，介绍中国的经验和办法。

En 1977, alors qu'Ai Ping venait tout juste de rejoindre le Bureau Afrique du Département international, le Parti communiste chinois a décidé pour la première fois de nouer des relations avec des partis politiques autres que les partis communistes, ouvrant ainsi un nouveau chapitre dans les annales de ses relations extérieures. En effet, Ai Ping a accueilli en 1994 la délégation du Parti au pouvoir en Éthiopie - le Front révolutionnaire démocratique du peuple éthiopien (EPRDF), et l'a accompagnée pour une mission d'étude dans les régions rurales à l'époque les plus et les moins développées du pays pour s'inspirer de l'expérience et l'approche chinoises.

"我陪同他们到顺义、到北京、到四川都江堰、到贵州黔西南，给他们看了中国农业的第一、第二、第三世界。当时顺义的农业已经很发达，顺义的同志很自豪，说我们的农业发展水平和德国差不多，我们如果遇到病虫害就在首都机场包一架飞机，用飞机来撒农药。我们需要灌溉的话，都是那种行走式的喷灌设备。"

« Je les ai accompagnés au district de Shunyi, dans la banlieue de Beijing, à Dujiangyan dans le Sichuan, et dans le Guizhou, afin de leur montrer l'agriculture chinoise des premier, deuxième et tiers mondes. À cette époque à Shunyi, l'agriculture était déjà assez développée. Un des camarades locaux a rappelé avec fierté que le niveau de développement agricole de son pays était proche de celui de l'Allemagne. Pour lutter contre les parasites, on était à même de fréter un avion à l'Aéroport international de la capitale pour répandre des pesticides. Et pour l'irrigation, on utilisait également des équipements d'arrosage mobiles du dernier modèle. »

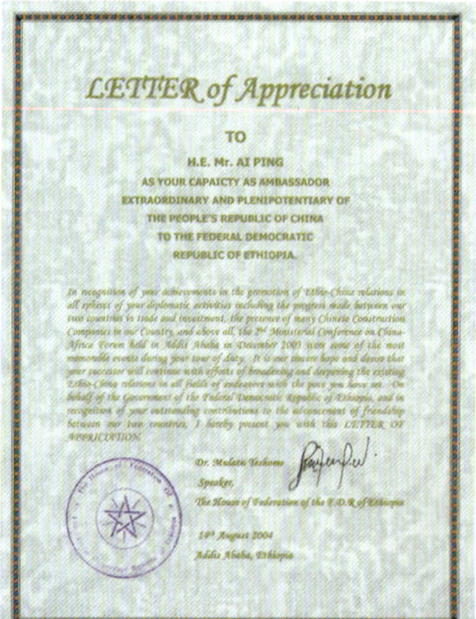
LETTER of Appreciation

TO

H.E. Mr. AI PING
AS YOUR CAPAICTY AS AMBASSADOR
EXTRAORDINARY AND PLENIPOTENTIARY OF
THE PEOPLE'S REPUBLIC OF CHINA
TO THE FEDERAL DEMOCRATIC
REPUBLIC OF ETHIOPIA.

In recognition of your achievements in the promotion of Ethio-China relations in all spheres of your diplomatic activities including the progress made between our two countries in trade and investment, the presence of many Chinese Construction Companies in our Country, and above all, the 2nd Ministerial Conference on China-Africa Forum held in Addis Ababa in December 2003 were some of the most memorable events during your tour of duty. It is our sincere hope and desire that your successor will continue with efforts of broadening and deepening the existing Ethio-China relations in all fields of endeavors with the pace you have set. On behalf of the Government of the Federal Democratic Republic of Ethiopia, and in recognition of your outstanding contributions to the advancement of friendship between our two countries, I hereby present you with this LETTER OF APPRICIATION.

Dr. Mulatu Teshome
Speaker,
The House of Federation of the F.D.R of Ethiopia

14th August 2004
Addis Ababa, Ethiopia

代表团深受震动和启发。3年后，埃塞俄比亚领导人跟到访的艾平说他们已经找到了一条符合自己本国国情的经济发展道路：以农业发展为先导的工业化战略。有了与埃塞俄比亚交往的经验，2001—2004年，艾平出任中国驻埃塞俄比亚大使，与埃塞俄比亚结下深厚的情谊。他在任期间，埃塞俄比亚还和天津职业技术师范大学联合规划在埃塞俄比亚当地建立一所职业教育学院。

Inspirés des expériences chinoises acquises lors de cette visite, les dirigeants éthiopiens ont trois ans plus tard fait savoir à M. Ai qu'ils avaient trouvé une voie de développement économique adaptée à la réalité de leur pays, à savoir une stratégie d'industrialisation basée sur le développement de l'agriculture. Depuis, M. Ai a pu multiplier des échanges avec des Éthiopiens et a noué une profonde amitié avec ce pays, où il a travaillé de 2001 à 2004 en tant qu'ambassadeur de Chine. Lors de son mandat, le gouvernement éthiopien et l'Institut de technologie de Tianjin se sont engagés à l'établissement d'une école de formation en Éthiopie.

“在能力建设方面，要有一套符合本国发展需要的人才培养办法。对他们来讲更重要的是建一些能够培训实用技术，相当于技校这样的教育机构。这个学校应该能把中国在教育方面的优势都集中起来，不仅是硬件的优势，更重要的是软件的优势，帮助他们提高自己的职业教育水平。”

« En ce qui concerne la formation des talents, il faut avoir une méthode qui réponde aux conditions de développement de leur pays. Pour eux, l’essentiel est de pouvoir apprendre aux gens des techniques pratiques, donc il leur faut une sorte d’IUT. Cette école devait réunir tous les avantages de l’enseignement chinois, non seulement en matière de matériel hardware, mais aussi et surtout, en matière de soft power. »

在中联部任副部长期间，艾平依然分管对非工作，工作内容之一是把中国成功的发展经验介绍给非洲，希望非洲结合本国国情找到适合自己的发展道路。

Lorsqu'il était directeur adjoint du Département international du CCPCC, Ai Ping s'occupait toujours des affaires avec l'Afrique et faisait partager entre autres, l'expérience du développement de la Chine, dans l'espoir de voir les pays africains trouver des voies de développement propres à leurs conditions nationales.

"我们的具体工作，一个就是交往：访问他们，或者接待他们的来访；再有一个就是调查研究：研究他们党的方针政策、国家的历史和他们的思路。"

« Notre travail consiste principalement à assurer les échanges de visites avec les pays africains. Par ailleurs, nous effectuons également un travail de recherche, nous étudions notamment les politiques menées par leurs partis politiques, leurs histoires nationales, ainsi que leurs pistes de réflèction pour le développement. »

如今担任全国政协委员的艾平在中国国际交流协会工作，致力于加深中国与世界非官方的了解与交往，同时推动中非关系继续向前发展。他始终心系那片充满希望的大陆。

Aujourd'hui, en tant que membre du Comité national de la CCPPC, il continue d'œuvrer à l'Association chinoise pour les échanges internationaux, ce qui lui permet d'exploiter ses expériences pour promouvoir les échanges non officiels avec le monde entier et approfondir sa compréhension de la Chine. Naturellement, Ai Ping réservera toujours dans son cœur une place particulière à la promotion des relations entre la Chine et l'Afrique.

03

Awad Ahmed Al Jazz:

阿瓦德·贾兹：
中国、苏丹合作的铺路人

Précurseur de la coopération sino-soudanaise

苏丹发展对华关系委员会副主席

Vice-président du Comité soudanais de Développement des Relations avec la Chine

喀土穆，苏丹的首都，位于白尼罗河和青尼罗河交汇处，是苏丹政治、经济和交通中心。在这里我们遇到了苏丹发展对华关系委员会副主席——阿瓦德·贾兹先生。

Khartoum, capitale du Soudan, située à la jonction du Nil Blanc et du Nil Bleu, est le centre politique, économique et de transport du pays. Ici, nous avons rencontré le vice-président du Comité Soudanais de Développement des Relations avec la Chine, Monsieur Awad Ahmed al Jazz.

“我曾经 57 次出访中国。我的第一次中国之行在 1990 年。当时我在总统的委托下访问中国，我们希望通过双方的努力，在国际舞台上，与中国在不同的领域中进行合作，我是带着这项任务，第一次来中国的。”

« Je me suis rendu en Chine à 57 reprises. Comme je l'ai mentionné, j'ai effectué ma première visite en 1990. À cette époque, j'ai été envoyé pour transmettre un message de notre président au président de la Chine, afin d'envisager de travailler et de coopérer ensemble dans différents domaines, sur la scène internationale, et à travers une coopération bilatérale. C'était l'objectif de ma première visite en Chine. »

20 世纪 90 年代后，时任能源部部长的贾兹多次与中国接触，他也因此成为苏丹与中国能源合作的铺路者和见证人。

À partir des années 90, en tant que ministre soudanais de l'Énergie, Awad al-Jazz a multiplié les contacts avec la Chine. Et c'est ainsi qu'il est devenu par la force du destin, le précurseur qui a ouvert la voie à la coopération énergétique entre la Chine et le Soudan.

"仅仅几年时间，苏丹从没有能力出产一滴石油到日产50万桶石油，我们在很短的时间内就取得了如此大的进步；而且，得益于这个项目的成功，中国石油公司走了出来，并将石油业务拓展到非洲和中东市场，因此，双方国家都受益良多。"

« Comme vous le savez, nous sommes partis de zéro pour le pétrole au Soudan, mais nous avançons avec une croissance rapide en atteignant plus de cinq cent mille barils par jour. Je suppose que la réussite de la coopération avec les Chinois au Soudan leur a donné l'envie d'aller vers les pays voisins en Afrique, au Moyen-Orient, afin que les deux parties tirent profit de ce projet. »

要合作，更重要的是要共赢。在贾兹看来，苏丹和中国之间拥有很多新的合作机遇。

Une coopération réussie repose sur un bénéfice mutuel. Selon Awad al-Jazz, il existe encore de très nombreuses opportunités de coopération entre le Soudan et la Chine.

"中国在苏丹建设了很多大坝，中国修建的公路成为苏丹重要的交通连线。同时，中国修建的电力线路也保障着各项物流运输的顺利运转。目前有400家中国企业在苏丹投资发展，两国关系与合作进展顺利，这不仅仅体现在两国的官方交往中，而且两国人民在合作过程中也没有任何冲突。"

« Les Chinois ont construit un certain nombre des barrages et des routes qui sont devenues d'importantes lignes de liaison du pays, et en même temps la ligne de connexion électrique assurant les transferts dans différents domaines, où sont présentes plus de 400 entreprises. Comme je l'ai mentionné, je suis fier de notre coopération, de notre relation, non seulement entre les fonctionnaires, mais également entre les gens de la société civile, il n'y a aucun conflit entre Chinois et Soudanais. »

2016 年初，因为对中国与苏丹两国间合作的贡献，贾兹先生获得习近平主席颁发的中国阿拉伯友好杰出贡献奖。现在的他，作为总统顾问，依然在中国事务方面尽心竭力。

Pour sa contribution à la coopération sino-soudanaise, Awad al-Jazz a reçu début 2016 le Prix pour la Contribution exceptionnelle à l'Amitié sino-arabe remis par le président chinois Xi Jinping. Aujourd'hui, il est également le conseiller présidentiel chargé des affaires chinoises.

« Bien que nos peuples respectifs ne parlent pas la même langue, nous nous aimons les uns les autres, nous coopérons les uns avec les autres, sans conflit. Donc j'appelle les deux parties à la préserver et à la développer, non seulement pour le bénéfice de nos deux pays, mais également pour les gens en général dans le monde. »

"两国人民虽然远隔万里，虽然语言不通，但是他们却相互热爱、合作。所以我要向双方倡导继续推进合作，不仅仅为了两国人民的福祉，更关乎世界人民的幸福。"

位于广袤撒哈拉沙漠中的苏丹金字塔群向世人诉说着这里曾经的文明与辉煌。正如贾兹所言，中苏关系在双方的努力下一定会结出更加丰硕的果实。

Situées dans le vaste désert du Sahara, les pyramides du Soudan sont là pour rappeler au monde la glorieuse civilisation qui exista jadis en ces lieux. Awad al-Jazz est convaincu que les efforts soutenus dans les relations entre son pays et la Chine continueront, de porter leurs fruits à l'avenir.

04

车长生：为了和平的使命

Che Changsheng: Pour une mission de la paix

第二批赴马里维和部队指挥长
Commandant en chef du Deuxième contingent de casques bleus chinois

2012 年 3 月，马里首都巴马科发生军事政变，国家领土大部分被极端组织和分裂势力占领，安全局势令国际社会担忧。中国应联合国安理会的要求，开始派出维和部队赴马里执行维和任务。

En mars 2012, un coup d' État a lieu à Bamako, la capitale malienne. Les groupes terroristes et séparatistes s'emparent de la majorité du territoire. Ce qui suscite l'inquiétude de la communauté internationale. À la demande du Conseil de sécurité de l'ONU, la Chine commence à y déployer des contingents de casques bleus.

"一下飞机，一股热浪扑面而来，那是一种令人几欲窒息的感觉。随处可见墙上的弹孔、破碎的玻璃，以及损坏的其他工事，我们真正走进了战场。"

« Dès notre atterrissage, une vague de chaleur nous a frappés et étouffés. Il y avait des impacts de balles, des éclats de verre ainsi que des fortifications détruites. Nous sommes arrivés sur un véritable champ de bataille. »

这是中国第一次派出安全部队参与海外维和行动。2014年9月，车长生带领第二批维和部队抵达马里东部城市加奥。其中由170人组成的警卫分队，负责联合国马里多层面综合稳定团东战区司令部的安全与防卫。加奥地区局势动荡，武装交火、恐怖袭击持续不断，就像一个火药桶。在他们抵达加奥地区之初，短短4天内就有10名联合国维和官兵失去了生命。担负防卫任务的警卫战士变成了刀尖上的舞者。4个月后，因不满南北双方和谈进程，4000多名当地民众举行了游行，其中一部分捣乱分子蓄意挑衅使游行最后走向失控。

C'était la première fois que des forces de sécurité chinoises étaient déployées pour une mission de maintien de la paix. En septembre 2014, Che Changsheng est à Gao, dans l'Est du Mali, à la tête du deuxième contingent de Casques bleus. Parmi eux, une équipe de 170 soldats avait pour mission de protéger le quartier général de l'ONU basé à Gao. La région de Gao se situe dans la zone de troubles. Ici se déroulaient sans cesse des échanges de tirs et des attaques terroristes. C'était une véritable poudrière. Peu après leur arrivée, 10 Casques bleus originaires d'autres pays ont perdu la vie en 4 jours. La vie de ces gardiens de la paix semblait suspendue à un fil.Quatre mois plus tard, en raison du mécontentement à l'égard des négociations de paix entre le Nord et le Sud, plus de 4000 habitants locaux ont organisé des manifestations. Parmi eux, certains éléments violents ont mené à la perte de contrôle de la situation.

"1月27日那天，不光大规模人员聚集，而且他们准备了很多刀、棒子、汽油瓶和石头。到位后二话不说，就开始殴打维和警察，一部分人员开始向我们营区攻击。维和警察最终也无法有效劝阻他们，见此情形，我们果断命令全员全副武装进驻到各个战位，像钉子一样盯着，看他们到底有什么动作。因为按照交战原则，是不允许我们实施还击的，但是我们一定坚持自己的任务绝对要完成好，战区司令部的安全绝对要保卫好。"

« Le 27 janvier, des personnes se sont rassemblées, munis de bâtons, de cocktails molotov et de pierres. Une fois sur place, elles ont commencé à se battre contre les forces de l'ordre. Certaines ont attaqué notre camp à coup de projectiles. Les forces de l'ONU n'ont pas réussi à les maîtriser. Nous avons ordonné de manière déterminée à tous nos membres de se tenir prêts et armés tout en observant l'évolution de la situation. L'ONU a pour règle de ne jamais tirer sur les civils. Nous devions absolument accomplir notre mission et assurer la sécurité du quartier général de la zone opérationnelle de l'ONU. »

克制情绪，冷静处置，这支中国警卫分队在危急时刻没有刺激民众产生更猛烈的过激行为。联合国为此专门照会中国外交部，称赞他们"表现一流，堪称完美"。

Les soldats chinois ont su se maitriser et n'ont pas cédé à l'escalade de la violence malgré les manifestations. L'ONU a adressé une note au Ministère chinois des Affaires étrangères en décrivant un comportement parfait de leur part.

"在几次特别危险的时刻，我们的战士从来没有任何一个退缩过，没有任何一个害怕过。任何情况都能及时发现，勇敢面对。"

« Jamais un membre de notre contingent n'a reculé face aux incidents les plus dangereux. Personne n'a cédé à la peur. Nous avons fait face à tous les dangers possibles, et les avons affrontés avec courage. »

车长生所带领的是一支有着光荣历史的中国精英部队。他们中有不少战士和车长生一同走进马里参与维和行动。8 个月间，在炎热的沙漠地带，在随时可能遇到地雷、爆炸、武装袭击的环境下，在可怕的埃博拉疫情肆虐蔓延中，他们依旧克服了困难，将中国警卫分队负责的巡逻线，打造成"安全生命线"，圆满完成维和任务，更赢得了当地民众的欢迎和称赞。

L'équipe d'élite dirigée par Che Changsheng jouit d'une réputation glorieuse en Chine. Beaucoup de ses membres ont participé avec lui à la mission de maintien de la paix au Mali. En l'espace de 8 mois, en zone désertique, le risque de marcher sur une mine, d'être attaqués par des terroristes ou de contracter le virus Ebola était permanent. Ils ont pourtant su surmonter les difficultés. Les routes empruntées lors de leurs patrouilles se sont transformées en lignes de sécurité. Leur mission de maintien de la paix a été accomplie avec succès, ce qui leur a valu le respect et l'accueil des populations locales.

"我们执行巡逻任务的时候，当地民众不知道这到底是哪个国家的维和部队。我们就把臂章亮给他们看，一看是中国国旗，他们大拇指就竖起来了。"

« Quand nous sortions patrouiller, les habitants locaux ne savaient pas de quel pays nous venions. Nous leur montrions notre brassard. C'était le drapeau national de la Chine. Ils levaient le pouce. »

远离祖国，保卫非洲朋友的家园，是为了能让他们在自己的家园远离战火，安心地入眠，尽情地歌唱。

Ils sont partis loin de leur pays natal pour protéger le foyer des amis africains. Le but était de permettre à ces derniers de vivre sans craindre la guerre, de pouvoir dormir paisiblement, et de chanter à coeur joie.

“他们称赞我们：可靠兄弟、伟大朋友、和平使者，我们做到了这一点。”

« Ils nous font l'éloges en nous prenant pour de véritables frères, de grands amis et des messagers de paix. Je pense que c'est ce que nous avons été. »

05

迟建新：中非发展基金领军人

Chi Jianxin :

Pilote du Fonds de développement sino-africain

中非发展基金董事长

Directeur du Fonds de développement sino-africain

2006年，在中国北京"中非合作论坛"首次峰会上，中国政府宣布成立总规模达50亿美元的"中非发展基金"，这是中非经贸合作史上首个官方推出的投资平台。时任国家开发银行投资业务局局长的迟建新被委以重任，开启了我国以投资基金方式开展对外合作的探索之路。

En 2006 à Beijing, lors du premier sommet du Forum de coopération sino-africain, le gouvernement chinois a annoncé la création d'un fonds de développement sino-africain de 5 milliards de dollars. Il s'agit de la première plate-forme d'investissement officielle dans l'histoire de la coopération économique sino-africaine. Une tâche importante alors a été confiée à Chi Jianxin, directeur à l'époque du Bureau de l'Exploitation de la Banque de développement chinoise. Il a frayé une voie de la coopération à l'aide du fonds d'investissements chinois.

"在峰会上，中国政府决定设立一个投资方面的工具来支持非洲的经济发展，鼓励和支持更多的中国企业到非洲去投资。一方面提高非洲自己的发展能力，同时也增加中国企业对非投资的积极性。"

« Le gouvernement chinois a décidé de créer, sous la forme d'investissement, un outil permettant de soutenir le développement économique en Afrique. Le but était d'encourager et de soutenir davantage d'entrepreneurs chinois pour qu'ils investissent en Afrique. C'est de cette façon que l'Afrique a augmenté ses capacités de développement. Cela a également contribué à développer l'esprit d'initiative des entrepreneurs chinois. »

迟建新带领团队在毫无既有经验可循的条件下，趟出一条以市场化运作方式带动中国企业对非投资的路子。目前已确定对非投资额超过 34 亿美元，涉及产能合作、基础设施、能源矿产、农业民生等领域，可带动中国企业对非投资超过 160 亿美元，成为中国对非投资主力平台。2015 年中非合作论坛约翰内斯堡峰会上，习近平主席再次宣布为"中非发展基金"增资 50 亿美元，至此基金总规模达到 100 亿美元。

Alors que tout était encore à faire, Chi Jianxin a mené son équipe sur la route de l'investissement en Afrique tout en respectant le système de marché. Aujourd'hui, le montant de l'investissement dépasse les 3,4 milliards de dollars dans les domaines de la production, des infrastructures, des énergies et des minerais, de l'agriculture, etc. Et le Fonds pourrait réaliser un investissement des entreprises chinoises au-delà de 16 milliards, il devient actuellement la principale plate-forme d'investissement en Afrique. En 2015, lors du sommet du FOCAC, le président Xi Jinping a de nouveau déclaré un renfort financier du Fonds de développement sino-africain de 5 milliards de dollars, portant ainsi le total à 10 milliards de dollars.

"我第一次去非洲是在2007年7月，到非洲的刚果(金)。我们是在跨国合作过程中探索着一条对非洲投资的道路，真可谓是'摸着石头过海'。截至目前，我们已经和1000多家企业都探讨过对非合作。"

« Je me suis rendu pour la première fois en Afrique en juillet 2007, au Congo-Kinshasa, pour explorer une voie menant à coopération transnationale en matière d'investissement. C'est ce que nous appelions 'traverser la rivière en tâtonnant les pierres'. Nous avons discuté avec plus d'un millier d'entreprises sur la coopération sino-africaine. »

中非发展基金与海信集团投资合作的南非家电产业园项目，年产能达到电视56万台，冰箱45万台。

Le programme de coopération entre le Fonds de développement sino-africain et le groupe Hisense, permet une capacité de production annuelle de 560 mille téléviseurs et 450 mille réfrigérateurs.

"我们现在已经在南非建立了合资企业，真正实现了从'中国制造'变成'非洲制造'。"

« Aujourd'hui, des joint-ventures ont été créées en Afrique du Sud, on est passé "dufabriqué en Chine" au "fabriqué en Afrique"».

"中非发展基金"的诞生与发展，契合了中非共同发展的需要。迟建新在工作中也始终坚持将业务实践与对非研究相结合。

Le Fonds de développement sino-africain répond aux besoins communs de développement de la Chine et de l'Afrique. Chi Jianxin a combiné son travail avec ses recherches sur l'Afrique.

“到非洲投资的企业一定要有长期投资的打算，要扎根非洲。在企业发展的同时造福非洲，能给当地人民带来实惠。和当地人民能够打成一片，融入当地。”

« Les entrepreneurs souhaitant investir en Afrique doivent avoir un plan d’investissement sur le long terme. Il faut s’enraciner en Afrique et développer ses affaires tout en faisant bénéficier l’Afrique et les Africains. Il faut s’intégrer dans l’environnement local, parmi les autochtones. »

在掌舵“中非发展基金”近 9 年的时间里，迟建新亲赴 30 多个非洲国家考察谈判，见总统，访市场，过沙漠，探矿区，通过实践，认知非洲，分析非洲，融入非洲，寄情于非洲。

Depuis les 9 ans du Fonds de développement sino-africain, Chi Jianxin s’est rendu dans une trentaine de pays africains pour des tournées de visites et négociations, il a rencontré des présidents, visité des marchés, traversé des déserts et appris à connaître l’Afrique, à l’étudier, à s’y intégrer et à s’en imprégner.

“在我有一次访问非洲的时候，有一个国家政府的一个部长，当面就给我唱起了中国歌曲。他在中国学习过，所以他也非常希望推动和中国的友好关系，这让我非常感动。非洲有非常良好的自然资源、气候环境，还有非常友好的人民。所以在我们从事非洲工作的同事里面，有这样一句话广为流传，叫作‘去了非洲爱非洲，离开非洲想非洲’。用一句话来概括，叫作‘使命中的自豪，探索中的快乐’。”

« Lors d’une de mes visites, un ministre d’un pays a chanté pour moi une chanson chinoise. Il avait étudié en Chine et espérait donc vivement promouvoir l’amitié avec la Chine. Cela m’a beaucoup touché. L’Afrique est riche en ressources naturelles. Ses climats et environnements sont exceptionnels, et ses populations sont amicales. Mes collègues qui travaillent avec l’Afrique disent souvent une phrase : “Lorsqu’on se rend en Afrique, on en tombe amoureux, et lorsque l’on quitte l’Afrique, elle ne peut que nous manquer. ” En résumé, on est fier de notre mission et on est heureux d’explorer. »

06

Denis Sassou-N'guesso :

德尼 · 萨苏 – 恩格索：
中国、刚果（布）友谊的见证人

Témoin de l'amitié sino-congolaise

刚果共和国总统

Président de la République du Congo

2016 年 7 月 7 日，中国苏州工业园区迎来了一位尊贵的客人——刚果共和国总统德尼 · 萨苏 – 恩格索。这是萨苏总统第 14 次到访中国。两天前，中国国家主席习近平在北京为他举行了欢迎仪式并与他进行会谈。两位领导人还共同见证了苏州市与黑角市缔结友好关系协议书的签署。

Le 7 juillet 2016, le parc industriel de Suzhou en Chine a accueilli un prestigieux invité : le président de la République du Congo, Denis Sassou-N'guesso, pour sa 14e visite en Chine. Il y a deux jours, le président chinois Xi Jinping a organisé une cérémonie d'accueil en son honneur et s'est entretenu avec lui à Beijing. Les deux dirigeants ont également assisté à la signature d'accords de jumelage de Suzhou et de Pointe-Noire.

"从 1964 年至今，我们登上了一个又一个台阶。我们的合作涉及各个领域，可以说达到了相当高的水平。"

« Depuis 1964 jusqu'à maintenant, on est allé de palier en palier. Notre coopération a touché tous les domaines d'activités aujourd'hui. Nous pouvons dire qu'elle a atteint un niveau très élevé. »

2013 年 3 月 29 日，习近平主席就任后不久对布拉柴维尔进行了国事访问，成为首位访问刚果共和国的中国国家主席。萨苏总统当时带领所有内阁成员等数百人前往机场迎接，并全程陪伴习主席出席了九场活动。

En tant que premier président chinois à se rendre en République du Congo, le 29 mars 2013, Xi Jinping a effectué une visite d'État à Brazzaville, pas très longtemps après la prise de ses fonctions de président de la République. À cette occasion, le président Sassou-N'guesso, les membres du cabinet ainsi que des centaines de personnes sont venus accueillir le président chinois à l'aéroport et l'ont accompagné lors de ses visites sur 9 sites différents.

"习近平主席认为非洲和亚洲、非洲和中国都可以视为充满未来的土地，我认为这体现了习近平的远见卓识。"

« Je pense que le président Xi Jinping est un esprit prévoyant quand il pense que l'Afrique et l'Asie, et l'Afrique et la Chine peuvent être considérées comme le continent d'avenir. »

在两国领导人的推动下，两国在各个领域开展了深入合作。2016年，作为金融领域的首次合作，中刚非洲银行在布拉柴维尔正式开业。历时八年，由中国公司承建的刚果（布）国家一号公路于2016年实现通车，将黑角至布拉柴维尔的车程从1个星期缩短至8小时，极大地推动当地经济的发展。

La Chine et la République du Congo ont approfondi leur coopération sous l'impulsion des dirigeants des deux pays. Pour cette première coopération financière entre les deux pays, Brazzaville a accueilli en 2016 le lancement officiel des activités de la Banque Sino-Congolaise pour l'Afrique. Elle se veut à l'avant-garde des banques africaines pour les prochaines années. La route nationale n° 1, construite en 8 ans par une entreprise chinoise, a été mise en service en 2016. Cette route, reliant Pointe-Noire à Brazzaville, permet de réduire le trajet en voiture d'une semaine à 8 heures, promouvant ainsi grandement le développement économique local.

"通过我们的合作，中国在基础设施建设方面给予刚果（布）援助。在电力、农业、矿业等方面，中国也一直给予我们支持。"

« À travers notre coopération la République populaire de Chine peut aider le Congo à réaliser des infrastructures de base, ou d'appuyer le Congo dans la production de l'électricité ou même dans certains secteurs agricoles ou miniers. »

2010 年 4 月 14 日，玉树发生 7.1 级地震，萨苏总统第一时间发来慰问电。同年在访问中国时，他表示刚果共和国将捐款 1600 万元人民币援建一所小学，并亲自命名为“中刚友谊小学”。

Le 14 avril 2010, quand un séisme d’une magnitude de 7,1 sur l’échelle de Richter a frappé la préfecture de Yushu, le président Sassou a envoyé sans tarder un message de solidarité. La même année, pendant sa visite d’État en Chine, il a annoncé un don de 16 millions de yuans de la République du Congo afin de construire une école primaire, et l'a nommée l'École primaire de l'Amitié sino-congolaise.

“在中国这么大的国家建个小学根本算不上什么大事，但是有象征意义。当一个朋友遇到困难，我们能够给他一点点帮助，心里会感到很温暖。”

« Ce n'est pas grand-chose que de construire une école primaire dans cette immense Chine mais dans le symbole elle a de la valeur. Lorsqu'un ami est en difficulté on peut lui apporter même une toute petite chose qui fait chaud au coeur. »

07

迪亚拉：Diarra Boubacar :
马里中医大爱洒中华
Un médecin malien et son œuvre de bienfaisance en Chine

马里籍中医
Praticien malien de médecine traditionnelle chinoise

在中国大西南地区，有一个叫红河的地方。那里的村民，一直都记得一位来自非洲马里的中医医生，并对他心存感激。

Au sud-ouest de la Chine, se trouve une région nommée "Honghe". Ici, les villageois n'oublieront jamais ce médecin malien, pratiquant la médecine chinoise.

"当时人们对麻风病非常恐惧，他们看到麻风病人都躲开。人们认为一旦你和麻风病人接触了，就会感染。我们用实际行动证明其实不是这样的。我就带着全家人住在村子里。我的大儿子那时才 3 岁，他是在麻风病人中间长大的。一点点地，我们看到了人们对麻风病的态度变化。"

«Les gens avaient peur de la lèpre. Lorsque les gens voyaient des lépreux, alors ils s'enfuyaient. Parce que les gens pensaient qu'une fois en contact avec des lépreux, ils auraient la maladie. Par nos actes, on leur a montré que non, ce n'est pas comme ça. J'ai emmené toute ma famille dans les villages. Mon premier gosse n'avait que 3 ans. Il a grandi parmi eux. Petit à petit, on a commencé à voir le changement.»

1997 年，迪亚拉跟随一个帮助中国边远地区艾滋病、麻风病病人的公益项目走进了云南红河哈尼族彝族自治州。在迪亚拉和同事的努力下，当地疾患情况得到了极大改善。但是他又发现了另一个问题：这里的乡村亟须医务人员。于是他决定发起一项培训乡村医生的计划行动。

En 1997, Diarra Boubacar est arrivé dans la province du Yunnan, pour participer à un projet caritatif. L'objectif était d'aider les malades du sida ou de la lèpre, au sein des ethnies Hani et Yi, dans la préfecture autonome de Honghe, une région chinoise isolée. Grâce aux efforts de Diarra Boubacar et de ses collègues, la situation a pu être considérablement améliorée. Mais Diarra Boubacar a constaté un autre problème : une pénurie de personnel médical. Il a alors initié un autre projet pour former des médecins ruraux.

"首先要知道他们是农民，所以白天他们要到田里劳动，维持生计。而我要抓紧一切可能的时间给他们做医疗培训，不仅是中医的，还有西医的。真的太难了！有些人是从特别特别远的山区来的，那里甚至连交通工具都没有。给他们做培训的时候，一切费用都由我来承担。"

« Il faut comprendre que ce sont des paysans. Donc le jour ils doivent aussi travailler dans leurs champs pour vivre et en même temps je dois aussi leur enseigner la médecine. Pas seulement la médecine traditionnelle mais aussi la médecine occidentale. C'était vraiment difficile. Parce qu'il y a des gens qui sont très très loin dans les montagnes. Les moyens de transport, il n'y en avait même pas. Donc lorsque je faisais ma formation, j'ai payé tout. »

出身西医世家的迪亚拉，1984 年来到中国，毅然决定投身中医文化的学习。

Issu d'une famille de praticiens de médecine occidentale, Diarra Boubacar est arrivé en 1984 en Chine. Ensuite, il s'est plongé assidûment dans des études de médecine traditionnelle chinoise.

"既然来到中国，那就学中国特有的。"

« Comme en Chine, il est bon d'apprendre quelque chose de typiquement chinois. »

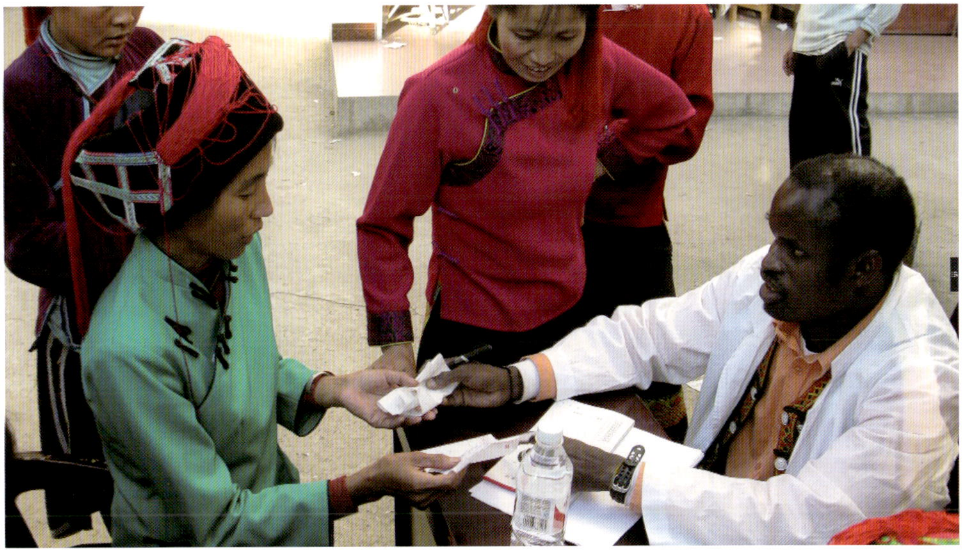

就这样，他成为了世界首位外籍中医学博士。这段“中国往事”，他用一个“缘”字概括。

Il est alors devenu le premier étranger à avoir obtenu un doctorat en médecine traditionnelle chinoise. Selon lui, son expérience peut se résumer par ces mots : le destin.

“那时候我拿到国家奖学金，要求到苏联去学习西医，但是我一点儿都不‘感冒’，所以我就推掉了。后来，听说他们在找一些年轻的医生去中国学习，我突然就兴奋起来，我就报名说我去试一试，教育部主任当时觉得‘你是不是疯了’。”

« À ce moment-là, j’avais déjà reçu une bourse scolaire du gouvernement pour étudier la médecine occidentale en URSS. Cependant, cela ne m’attirait pas du tout. J’ai donc refusé. J’ai entendu dire qu’on cherchait de jeunes médecins pour aller étudier en Chine. Aussitôt, j'ai été enthousiasmé et je me suis dit que j’allais tenter ma chance. Le responsable du bureau du Ministère de l’Éducation m’a demandé si je n’étais pas fou. »

截至目前，迪亚拉培训了超过 3000 名中国乡村医生。这些乡村医生在各自的家乡，成为守卫当地百姓的健康卫士。32 年来，无论是 1998 年特大洪灾，还是 2008 年汶川地震，在中国医疗志愿者的队伍里，总能看到迪亚拉医生的身影。母亲病逝时，他坚守在中国洪水肆虐的灾区；刚出生的小儿子因急病离世时，他正在赶往红河山区的路上。他用精湛的医术和无私的爱帮助了那些需要帮助的中国人。由于他多年在公益领域的贡献，迪亚拉医生获得了中国在该领域的最高荣誉：中华慈善奖。

À ce jour, Diarra Boubacar a formé plus de 3 000 médecins ruraux. Ces derniers sont devenus les garants de la santé des habitants de la région. Depuis 32 ans en Chine, durant les grandes inondations de 1998, ou pendant le séisme du Wenchuan en 2008, il a toujours été présent parmi les bénévoles médicaux. Lorsque sa mère a quitté ce monde, il assurait son rôle de secouriste dans une zone affectée par les inondations. Lorsque son troisième gosse est décédé d'une maladie grave, il était en route vers la région de Honghe. Grâce à ses connaissances médicales et à l'affection qu'il porte au peuple chinois, il a pu aider ceux qui en avaient besoin. Ces dernières années, grâce à ses contributions dans l'action caritative, Diarra Boubacar a obtenu la plus haute distinction chinoise dans ce domaine : Le Prix de bienfaisance de la Chine.

“（我所做的）仅仅是一个小小的行动，向几百名曾经援助过马里的中国医疗人员表示感谢。这是我以及马里人民（对中国）表示感谢的机会。”

« C'est peut-être un petit acte, un acte seulement de reconnaissance envers les centaines de médecins que la Chine a envoyés au Mali. C’est une occasion pour moi, pour le peuple malien, de montrer aussi notre reconnaissance.»

08

丁邦英：感动肯尼亚的中国记者

Ding Bangying: Un journaliste chinois au Kenya

原中国国际广播电台副总编辑

Ancien rédacteur en chef adjoint de RCI, Radio Chine Internationale

1984 年，肯尼亚举办斯瓦希里语大赛，约 10 万当地人参加，结果夺得第一名的，不是肯尼亚人，竟然是一位名叫丁邦英的中国人。

En 1984, à l'issue d'un concours de swahili, avec la participation d'environ 100 mille candidats, celui qui a remporté le premier prix n'était pas un Kenyan, mais un Chinois nommé Ding Bangying.

“我那个送报员呼喊着跑过来，‘Congratulations! Congratulations Mr. Ding!’他满头大汗地跑到我办公室，我说：‘怎么回事？’他说：‘Mr. Ding，太祝贺你啦！你得了斯瓦希里语比赛第一名！’”

« Mon livreur de journaux est arrivé en courant et en criant félicitations !
“Félicitations Monsieur Ding !” Il était en nage et est entré dans mon bureau. Je lui demande : “ qu’est-ce qui se passe ? ” Il me répond : “Monsieur Ding, félicitations ! Vous venez de remporter le premier prix du concours de swahili !” »

Washindi!

从北京广播学院外语系毕业之后，丁邦英被分配到中国国际广播电台斯瓦希里语部从事翻译、播音员、记者的工作。在整个记者生涯中，他相继独家专访过8位非洲国家总统，其中印象最深刻的是他用肯尼亚国语——斯瓦希里语采访莫伊总统时的情景。

Tout juste diplômé de l’Institut de radiodiffusion de Beijing, il a obtenu les postes de traducteur, animateur radio, et journaliste à RCI, Radio Chine internationale. Au cours de sa carrière de journaliste, il a eu l’occasion d’interviewer exclusivement 8 présidents africains. L’un de ses souvenirs les plus marquants est celui de l’utilisation de la langue swahilie lors de certains de ses entretiens.

“莫伊总统特别开心，他问我从哪儿学的斯瓦希里语，讲得那么好。整个采访气氛活跃，笑声不断，掌声四溢，采访得莫伊特别高兴，他握着我的手说：‘欢迎你再到肯尼亚。’”

« Le président Moi était d'excellente humeur, il m'a demandé où est-ce que; j'avais si bien appris le swahili. L'atmosphère pendant tout l'entretien était hyper dynamique et joyeuse, et ponctuée d'applaudissements chaleureux. Le président Moi était particulièrement content, il a pris ma main et m'a dit : “ Reviens quand tu veux au Kenya.” »

1988年，他荣幸地受到莫伊总统邀请，参加肯尼亚独立25周年庆典，成为首位获此殊荣的中国记者。1992年初，索马里战争成为国际新闻热点，第一次驻外的丁邦英时任国际台驻内罗毕首席记者，他不惧危险主动请缨奔赴索马里战地采访。此行给他留下最深印象的并不是死亡的威胁，而是在美军战地新闻发布会上他首次以中国记者身份发声提问。

En 1988, il était l'invité d'honneur du président kenyan de l'époque pour célébrer le 25e anniversaire de l'indépendance du Kenya, devenant ainsi le premier journaliste chinois à jouir d'un tel honneur.
Au début 1992, la guerre de Somalie faisait la une des journaux, M. Ding était alors à Nairobi pour la première fois en tant que correspondant chinois, il s'y est rendu de son plein gré pour relater les horreurs de la guerre. L'impression la plus profonde qu'il a gardée n'était pas la mise en péril de sa propre vie, mais sa participation à une conférence de presse organisée par l'armée américaine.

"镜头全对着我照过来了，我那一刻太激动了，我最大的感受是在这么一个世界热点新闻大战前线，我是唯一的一个中国记者在这里面提问。"

« Toutes les caméras étaient braquées sur moi, j'étais très ému, le sentiment le plus fort que j'ai éprouvé à ce moment était d'être au cœur de l'information et d'être le seul journaliste chinois à pouvoir poser des questions. »

2006 年，为推广中国广播在非洲的落地，他在内罗毕创办了国际台非洲总站，担任首任站长，并在肯尼亚国家广播公司（KBC）大楼内，搭建了一个直播机房。

Il a créé en 2006 le siège de RCI Afrique, à Nairobi, afin de promouvoir la diffusion d'une radio chinoise en Afrique, devenant ainsi le directeur de ce siège. Il a également créé un studio de diffusion dans les locaux de KBC, média de service public du Kenya.

"（主播的声音）今天请到的嘉宾是中国驻肯尼亚大使邓洪波……"

2009年10月1日，国际台非洲总站与肯尼亚国家广播公司，为纪念中华人民共和国成立60周年，两个呼号同时直播了两小时的特别节目。

(Voix de l'animateur) Voici l'ancien ambassadeur de Chine au Kenya, Deng Hongbo...

Le 1er octobre 2009, RCI et KBC ont collaboré pour célébrer le 60e anniversaire de la fondation de la République populaire de Chine en diffusant une émission de deux heures en direct simultanément sur les deux fréquences.

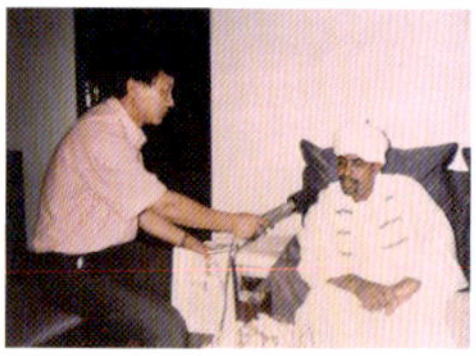

"这个事情的意义、反响太大了！这件事情开辟了中国广电节目在海外落地的先河。"

« La signification de cette collaboration est très importante ! Cet évènement a créé la priorité de la diffusion d'une émission de radio chinoise à l'étranger. »

同一年，丁邦英被中非友好协会评为“感动非洲的十位中国人”，同时被授予“中非友好贡献奖”。获奖后，他还积极参与了探寻海上丝绸之路在肯尼亚的考古征程。现在的丁邦英虽已退休，但对非洲情谊依旧。近年来，他相继协助CCTV摄制了两部展示肯尼亚魅力的纪录片。2014年，为纪念修建坦赞铁路而牺牲的烈士，丁邦英还亲自组织拍摄了纪录片《不能忘却的记忆》，该片获得了2014年度中国新闻奖一等奖。

La même année, il a obtenu le prix de l'Association amicale sino-africaine, qui récompense 10 personnalités chinoises qui contribuent remarquablement aux relations Chine-Afrique. Dans le cadre de la Route de la soie maritime, il a également participé à un projet archéologique au Kenya. Aujourd'hui retraité, il continue de promouvoir les échanges entre les peuples chinois et africains. Il a notamment aidé au tournage de deux émissions spéciales de CCTV sur la beauté du Kenya.

En 2014, il s'est rendu en Tanzanie pour filmer une émission pour destiné à hommage aux ouvriers chinois qui ont péri lors de la construction de la ligne de chemin de fer reliant la Tanzanie à la Zambie. Cette émission a reçu le prix chinois de l'excellence du journalisme.

“所以说真话，对斯瓦希里语我充满着感情，对非洲人民，上到总统下到良民百姓，我也充满着感情，我这一段非洲情结确确实实是真诚的，或者说是终生的，难忘的。”

« Pour être tout à fait honnête, j'éprouve une grande affection envers la langue swahilie, envers les peuples africains, que ce soit des chefs d'État ou de simples citoyens, j'y attache aussi une grande importance. Cette période de ma vie en Afrique est sincère et j'y ai consacré ma vie, c'est inoubliable. »

09

Edouard Mokolo Wa Mpombo :

爱德华·默科罗·蓬博：
中国、刚果（金）建交元老

Témoin de l'établissement des relations diplomatiques entre la Chine et la RDC

刚果金第一副议长

1er vice-président du Sénat de la RDC

中国和刚果民主共和国的建交历史过程可谓一波三折。从 1961 年建交，之后暂停外交关系，一直到 20 世纪 70 年代，恢复外交关系，两国关系经历了风风雨雨，终于迎来阳光灿烂的日子。而这其中两国友好人士的努力功不可没。中国人民的老朋友爱德华 · 默科罗 · 蓬博正是中非关系掀开新篇章的推动者之一。

Les relations entre la Chine et la RDC ont connu des hauts et des bas. L'établissement de leurs relations diplomatiques remonte à l'année 1961, mais peu après ces relations ont été suspendues et il faut attendre les années 70 pour que les deux pays les renouent. Et depuis, les liens sont de plus en plus étroits, grâce aux efforts continus des personnes de bonne volonté originaires des deux pays. M. Édouard Mokolo Wa Mpombo est l'un des artisans de cette page de l'histoire des relations sino-africaines.

"您知道，我和中国的故事要追溯到很久以前了。那时，我是总统府顾问。我们当时和中国台湾保有关系。当我们去几内亚时，塞古·杜尔是几内亚总统。在一次总统府宴会时，我见到了当时的中华人民共和国大使。我们开始交谈，尽管两国还未建交。回去时，我跟总统汇报了这个情况，他告诉我，要继续和大使对话下去。"

«Vous savez, mon histoire avec la Chine, c'est une longue histoire. À cette époque, j'étais conseiller à la présidence. Nous, à l'époque, nous avions des relations avec Taïwan et nous sommes partis en Guinée à l'époque du président Sékou Touré. Lors d'une soirée à la présidence, j'ai rencontré l'ambassadeur de Chine de l'époque. On a commencé à parler alors que nous n'avions pas de relations. Quand je suis rentré, j'ai fait un rapport au président et il m'a demandé de poursuivre ces entretiens.»

爱德华·默科罗·蓬博就这样开始了和中华人民共和国建交的谈判。6 个月里，每周他都要去一趟科纳克里（几内亚首都），会见中国大使，商谈建交事宜。第二天再坐飞机返回。

M. Édouard Mokolo Wa Mpombo a ainsi commencé les négociations. Pendant 6 mois, chaque semaine, il partait à Conakry pour rencontrer l'ambassadeur de Chine et négocier avec lui. Et le lendemain matin, il reprenait l'avion et rentrait.

"要知道当时还在冷战时期，美国还没有和中华人民共和国建交，所以不赞成别的国家和中国台湾断交。可我们还是这么做了。很快，我们就决定和中华人民共和国正式建交。最后在巴黎敲定了这事。"

« Rappelez-vous l'époque de la guerre froide, les États-Unis n'avaient aucune relation avec la Chine, donc les États-Unis voyaient d'un mauvais oeil tout ce qui rompait avec Taïwan, mais nous l'avons fait. Immédiatement après, on a décidé l'établissement officiel des relations, les derniers détails ont été réglés à Paris. »

两国建交带来了丰硕的成果，也建立了双赢的关系。

Et cette reconnaissance mutuelle a rapidement donné naissance à une relation fructueuse placée sous l'égide des bénéfices mutuels.

“在合作中，大家都能得到好处。这和与西方国家合作的情况大不一样，那种合作像骑手和马之间的关系，骑手总是在马之上。而和中国的合作是双赢的。我们和中国的合作算得上是一种合作的典范。”

«C'est une coopération où tout le monde trouve son compte. Ce n'est pas, comme on disait à l'époque, la coopération occidentale qui était comme le mariage entre le cheval et le cavalier. Le cavalier est toujours au-dessus du cheval. Tandis que là, c'était le mariage gagnant-gagnant, comme on dit en Chine. C'était vraiment une coopération-modèle que nous avons pu établir avec la Chine.»

随着时间流逝，中国和刚果民主共和国之间的合作形式也发生了变化。刚开始是国家行为，而现在合作形式更多了。

Au fil du temps, la coopération entre la Chine et la RDC a évolué. Au début c'était une coopération d'État à État, mais maintenant, les formes de coopération se multiplient.

“现在，合作形式有变化了。有中国企业、个人，还有中国银行，来参与一些投资项目。就在这，在城里，你们就能看到一些中国人，有他们的店面，开发了好多东西，也教会了刚果人自立自强的生活方式，就是说，要学会靠自己。”

«Maintenant cette coopération a évolué parce que vous avez des entreprises et des banques chinoises qui interviennent dans le financement des projets. Lorsque vous êtes ici, dans la cité, vous trouvez des Chinois qui ont leur boutique, qui développent des tas de choses, et qui apprennent aux Congolais cette façon de vivre de manière autonome, c'est-à-dire, de ne compter que sur soi-même.»

10

捷盖：Francis Tchiégué :
来自喀麦隆的中国通
Artiste et sinologue camerounais

喀麦隆艺术家、汉学家
Artiste et sinologue camerounais

来自喀麦隆的捷盖常常出现在中国的电视屏幕上，主持节目、说相声、唱京剧，样样精通。在捷盖 5 岁的时候，父亲就经常带他去看李小龙的电影。这让捷盖在童年时期便在心中埋下了中国梦的种子。取得数学博士学位后，一个偶然的机会，他了解到有一份可以去中国学习的奖学金。

Originaire du Cameroun, Francis Tchiégué fait régulièrement des apparitions à la télévision chinoise. Il endosse le rôle de présentateur, récite des dialogues comiques chinois, chante de l'opéra de Beijing, le tout avec brio. Quand il avait 5 ans, son père l'emmenait souvent regarder des films de Bruce Lee. C'est ainsi que, dès l'enfance, a été plantée en lui la graine du rêve chinois. Après avoir obtenu un doctorat en mathématiques, il a eu vent de la possibilité de recevoir une bourse pour partir étudier en Chine.

"这份奖学金主要面向硕士生和博士生。当时的我受到了启发，我对自己说'这是一次难得的机会，这份奖学金也许能让我实现童年时的梦想'。于是我提出了申请并顺利被选中。"

« L'offre était lancée pour les étudiants en master et en doctorat. Pour moi, ça a été comme une révélation. Je me suis dit « Tiens ! C'est une occasion.» C'est une occasion qui se présente ainsi de peut-être réaliser ce vieux rêve d'enfance là, et puis j'ai postulé, et voilà, j'ai été parmi les élus. »

2003 年，捷盖来到了中国北京。对从未接触过中文的捷盖来说，语言成为拦在他面前最大的障碍。

Francis Tchiégué est arrivé à Beijing en 2003. Il n'avait jamais étudié le chinois auparavant, et s'est rapidement heurté à la barrière linguistique.

"有一天，我在电视上看到了加拿大演员大山，他在和一个中国师傅表演一个相声节目。我当时被他流利的中文和对观众情绪的掌控能力深深震撼到了。台下的观众爆发出阵阵大笑，掌声不断。我对自己说，这个外国人的中文说得太棒了。"

« Un jour je regarde la télé comme ça et puis j'ai vu le Canadien Da Shan, qui faisait un numéro de dialogue comique chinois avec un vieux Chinois. Et j'ai été impressionné par son niveau de langue, sa maîtrise et la façon d'emporter le public avec toute cette énergie. Les gens riaient aux éclats, étaient contents et applaudissaient. Je me suis dit : 'Tiens, voilà un étranger qui parle chinois.' »

捷盖找到了大山的师傅——相声艺术家丁广泉先生，并提出拜师。考虑到捷盖的中文水平，丁广泉几次都婉拒了他的要求。屡次被拒后，捷盖锲而不舍地给丁老师打电话，表明自己的决心。终于，丁老师答应给他一次机会，给了他一段相声并让他在1周内背下来。

Francis Tchiégué est allé trouver le professeur de Da Shan, Monsieur Ding Guangquan, artiste et maître du dialogue comique chinois, et l'a prié de le prendre comme disciple. Cependant, en raison de son niveau de chinois, Ding Guangquan a refusé plusieurs fois d'accéder à sa requête. Après maintes tentatives, il a passé des coups de téléphone au professeur Ding pour lui signifier sa détermination à apprendre. Un jour, le professeur Ding a accepté de lui donner une occasion. Il lui a remis un extrait de dialogue comique chinois en lui laissant une semaine pour l'apprendre par coeur.

“我发现这段相声特别难，甚至身边的中国人都跟我说你不可能背下来，1个星期后，我找到丁老师，说我准备好了。他一开始的时候还不相信，但是听到我一口气用专业水准背出那段话后，他感到深深惊讶。”

« Quand je me suis aperçu à quel point c'était difficile, même les Chinois natifs autour de moi me disaient « Oh, c'est impossible ce truc. » Mais au bout d'une semaine je suis venu le voir pour dire que je suis prêt. Ça il n'a pas cru. Quand je lui ai restitué d'un bout à l'autre avec presque le niveau professionnel requis, il a été impressionné et abasourdi. »

在和丁广泉老师学习的日子里，捷盖对中国传统文化有了更深刻的了解。他熟练掌握了多种中国地方剧种，还学会了川剧的代表作——变脸。如今，在中国与非洲有关的各种活动上都能看到他的身影。同时，他还多次受中国国家汉办邀请去国外推广汉语。

En étudiant auprès de Ding Guangquan, Francis Tchiégué a considérablement amélioré sa compréhension de la culture et des traditions du pays. Il a appris à maîtriser divers types d'opéras chinois de provinces différentes, sans oublier le clou de l'opéra du Sichuan, le changement de masques. Aujourd'hui, Francis Tchiégué participe de près ou de loin à toutes les activités sino-africaines en Chine. Il a également été sollicité de nombreuses fois par le Bureau de la Promotion du chinois relevant du Conseil des Affaires d'État de Chine pour faire la promotion de la langue chinoise à l'étranger.

“在这些不同的会议、表演中，我的角色是鼓励那些在孔子学院学习的当地人。他们可能还没有机会到中国去，通过我的例子，他们就能知道一个外国人也可以学好中文。因为我很明显不是中国人，看到我自如地运用中文，我觉得这对他们来说可以起到鼓励的作用。”

« Mon rôle, donc, c'est pendant les différentes conférences et spectacles, d'encourager les locaux qui étudient le chinois dans ces Instituts Confucius mais qui n'ont peut-être pas encore eu la chance de se rendre en Chine, de leur montrer que cela est faisable pour un étranger. Parce qu'il est visible que je ne suis pas Chinois, mais quand ils voient mon aisance dans la langue chinoise, c'est comme un point de motivation pour eux également. »

在中国学习期间，捷盖认识了他现在的妻子，来自俄罗斯的丹尼娅。他们现在育有 3 个孩子。未来，捷盖将继续致力于拉近中国与非洲的关系。

Pendant qu'il étudiait en Chine, Francis Tchiégué a rencontré son épouse, Tanya, originaire de Russie. Aujourd'hui, ils ont trois enfants. Dans le futur, Francis Tchiégué souhaite continuer à promouvoir le rapprochement entre la Chine et l'Afrique.

"非洲和中国的关系越来越紧密，开展了多层次的合作。在这样的情况下，需要有像我这样的人来牵线搭桥，游刃于汉语文化和法语文化之间。"

« L'Afrique et la Chine sont en train d'avoir des liens de plus en plus serrés, n'est-ce pas ? Des liens de coopération sur tous les plans. J'estime qu'il est important d'avoir des éléments comme moi, qui servent de pont de facilitation et qui puissent se sentir à l'aise autant du côté francophone que du côté chinois en termes de langue et de culture. »

11

Gervais Yao Kouassi:

热尔维尼奥：从阿比让到秦皇岛的国际球星

Footballeur star d'Abidjan à Qinhuangdao

科特迪瓦足球运动员

Footballeur ivoirien

2008 年，科特迪瓦著名前锋热尔维尼奥作为国奥队队长参加了北京奥运会。这是科特迪瓦男足历史上首次参加奥运会。那时的热鸟，绝不会想到：时隔 8 年，他竟然会加盟一家中国足球俱乐部——河北华夏幸福俱乐部。

En 2008, l'attaquant ivoirien de réputation internationale, Gervinho, était capitaine de la sélection de son pays lors des Jeux olympiques de Beijing. C'était la première présence d'une équipe de football ivoirienne à ces jeux. 8 ans plus tard, le jeune prodige n'aurait jamais imaginé signer pour un club chinois, le Hebei China Fortune.

"在中国发展成为我职业生涯规划的一部分，这都是命运的安排。对我个人来讲，这是崭新的生活。"

« Si la Chine fait partie de mon plan de carrière, donc c'est le destin qui m'a envoyé ici. Personnellement, c'est une nouvelle vie pour moi. »

1998年，热尔维尼奥开始在科特迪瓦著名的阿比让含羞草足球俱乐部训练，这段宝贵经历为他开启球场生涯奠定了基础。这家俱乐部曾培育出亚亚·图雷等知名球员。热尔维尼奥在此进步神速，旋即得到多家欧洲知名足球俱乐部的垂青。丰富的球场经验以及过人的天赋，使他成为中国旅游城市秦皇岛华夏幸福俱乐部的一名得分高手。

Le parcours de Gervinho débute en 1998, dans la prestigieuse académie l'ASEC Mimosas d'Abidjan. Dans un club qui a vu éclore des joueurs comme Yaya Touré, Gervinho progresse et ne tarde pas à attiser la convoitise de grands clubs européens. Son expérience accumulée et son talent en font désormais un buteur d'exception pour le club de la ville touristique chinoise de Qinhuangdao.

"我认为我能胜任这个工作，因为根据我以往的战绩，我有这个资质和能力。像我经常说的，中超联赛不好踢，人们觉得很容易，但对我而言，生活里没有什么是容易的。我要全身心地投入到我的俱乐部，让队员们以及那些选择我的俱乐部负责人都对我充满信心。我们目前为止成绩不错，但还有很多地方需要改进。如果想提高赛事水平，一支球队最多只能引进5名外援还是少了些。"

« Moi je mérite ce qui m'arrive, parce que j'estime que c'est au niveau de mes qualités et de mes talents, à travers mes performances. Comme je le dis souvent le championnat chinois n'est pas facile, les gens pensent qu'il est facile, pour moi rien n'est facile dans la vie. J'essaie plus de me concentrer à mon club, de donner la confiance à toute l'équipe, aux dirigeants qui ont pensé à moi, qui sont allés me chercher pour m'intégrer dans leur nouveau projet. Nous sommes très bien en ce moment mais il y a beaucoup de choses à améliorer. Pour élever le niveau d'un championnat, je pense que le quota de 5 étrangers pour moi est trop juste. »

在中国国家主席习近平的推动下，中国正朝着成为足球大国的目标挺进。热尔维尼奥正是这一进程的象征之一。热鸟期待着中非足球事业的共同发展，但在他看来，这对非洲而言并非易事。

Sous l’impulsion du président chinois Xi Jinping, le pays met tout en œuvre pour devenir une grande nation du football. Gervinho est l’un des symboles de ce changement. Mettant en perspective le développement commun de la Chine et de l'Afrique au niveau du football, Gervinho nous rappelle cependant que le contexte africain n’est pas si simple…

“基础设施、场地、俱乐部资金存在困难。如果非洲拥有这些资源，非洲足球将跻身世界一流行列。”

« Les infrastructures, les terrains, les clubs financièrement qui sont en difficultés, si on a ça déjà en Afrique je pense qu’on serait au top. »

为保证2021年成功举办非洲杯，一座由中国出资建造的奥林匹克体育场于2016年在科特迪瓦首都阿比让动工，这也是两国友谊的一个美好见证……

En vue de l’organisation de la Coupe d’Afrique des Nations de football de 2021, un stade olympique, financé entièrement par la Chine, sera construit à Abidjan, la capitale ivoirienne à partir de cette année. Un bel exemple de l’amitié sino-ivoirienne…

“在欧洲时，我看待中国的方式和来到这里之后是不一样的。我觉得对一个非洲球员来说，能够来中国踢球是非常好的机会。我希望在未来，当中国足球跻身世界前列之时，也能助力非洲足球事业的发展，并为之指明道路。”

« Quand tu es en Europe, tu as une autre mentalité, une autre façon de voir la Chine, mais quand je suis arrivé ici, c’était différent. Pour un joueur africain, s’il a la chance de venir en Chine, je pense que c’est une bonne opportunité. J’espère que dans l’avenir, quand le football chinois sera plus dans le top mondial et j’espère pour ce pays, ça pourrait être un bon tremplin et une bonne destination pour l’Afrique. »

热爱绿茵场的热鸟，更深深挂念着万里之外的祖国和家人。但思乡的情愫并不会影响他对足球的深情，他将更多的精力用来思考自己的未来。

Un sportif au grand cœur qui reste profondément attaché à son pays natal où sa famille tient une place très importante. Loin d'être nostalgique, il pense surtout à l'avenir…

"回家是件开心事，不管是回国打比赛还是度假。我总是很高兴能和家人团聚。作为一名球员，能够为国效力，是一种莫大的荣耀。我喜欢身披国家队服在祖国的土地上踢球。前不久我买下了一家足球俱乐部，虽然这是家业余的俱乐部，但我的目的是将其逐渐壮大。我还要为未来做些准备。在挂靴之前，我要为一些年轻的非洲球员的成长创造机会。我没法估计自己的职业生涯还剩多少时间，球员的职业生涯或长或短，答案只有老天知道了。"

« C'est toujours un plaisir pour moi de rentrer chez moi, que ce soit en sélection ou en vacances, je pense que je suis toujours content de retrouver la famille. Pour un joueur, quand tu es appelé en sélection, c'est une fierté pour toi. J'aime porter ce maillot, j'aime être sur le terrain. J'ai acheté un club de football il n'y a pas longtemps, un club amateur, mais le but c'est de faire grandir le club petit à petit. Il faut préparer un peu certaines choses dans l'avenir. Avant d'arrêter ma carrière, c'est de donner la chance à certains jeunes en Afrique pour pouvoir évoluer dans les bonnes conditions aussi. Je ne peux pas deviner combien de temps il me reste, la carrière d'un footballeur peut être longue comme peut être un peu courte aussi, la seule personne qui a la date en tête c'est le bon Dieu. »

12 韩军：“老肯”助力华人走入非洲

Han Jun :

Un "Kényan de coeur" au service de la diaspora chinoise

东部非洲中国总商会会长

Président, Chambre générale de commerce chinoise de l'Afrique de l'Est, au Kenya

在肯尼亚内罗毕的办公室里，韩军每天都会准时打开电脑，搜集世界各地的媒体对非洲以及中国的报道，选取精华信息，浓缩到《非洲之声》每日电讯以及网站里。从 2007 年创刊到现在，《非洲之声》已经发行了 2700 多期，成为肯尼亚乃至东非华人华侨了解中国以及非洲的重要窗口。

Dans son bureau de Nairobi, la capitale du Kenya, Han Jun, directeur de la Chambre de commerce chinoise en Afrique de l'Est, allume chaque jour à la même heure son ordinateur pour rechercher sur les médias internationaux des nouvelles de Chine et d'Afrique. Il sélectionne les nouvelles les plus pertinentes et les résume pour "La Voix de l'Afrique", un quotidien sur internet. Depuis sa création en 2007, plus de 2700 numéros ont été publiés.

"《非洲之声》从2007年创办到现在一直还在运作，广大读者的鼓励和关注是它能够延续至今的关键因素。很多人感觉到《非洲之声》就是他们生活的一部分。有不少读者离开了肯尼亚，但是他们还关注《非洲之声》，他们感觉到非洲发生的事情如同他们在的时候一样，他们感觉到他们还在肯尼亚。《非洲之声》作为我们华文媒体、华人社团的重要使命，我们得对读者负责，坚持把《非洲之声》办下去。"

« "La Voix de l'Afrique" existe depuis 2007, grâce au soutien et à la fidélité de ses lecteurs qui jouent un rôle clef. Ils sont nombreux à considérer ce quotidien comme un élément de leur vie. Certains continuent à le suivre même après avoir quitté le Kenya. Beaucoup ont laissé une part d'eux-mêmes en Afrique et ce qui s'y passe continue de les toucher. En tant que média et héritage culturel de la diaspora chinoise, nous nous faisons un devoir de continuer à faire vivre "La Voix de l'Afrique". »

在肯尼亚20年，如今，身为肯尼亚侨领，这位"老肯"最关心的就是如何保障在肯华人权益，凝聚肯尼亚以及东非国家华人力量。最重要的是，如何让他们走入非洲，融入非洲，获得当地人的了解和认可。

Installé au Kenya depuis 20 ans, ce qui l'anime aujourd'hui est de garantir les droits et les intérêts de la diaspora dans le pays, et de rassembler les forces des Chinois de toute l'Afrique de l'Est. Le plus important est d'expliquer comment venir en Afrique, comment s'y intégrer et comment comprendre et être accepté par la population locale.

"2011年东非之角的这场60年不遇的大旱灾，东部非洲中国总商会、肯尼亚华人华侨联合会、肯尼亚中国经贸协会联合向在肯尼亚及东部非洲的广大华侨华人发出了倡议书，号召向肯尼亚及东非的灾民伸出援助之手。广大华人华侨、中资企业的同胞踊跃捐款，赈灾的款项购买了玉米面，粮袋上都印上我们的国旗、中国的标志。组织了20多辆重型卡车把救灾的物资送到700千米以外索马里边界的一个区域。当地民众得知中国人要送物资过去，很多人天不亮就在那排队，大家分到粮食以后家家户户都扛着（回去，很高兴）。在当时影响还是比较大的。"

« En 2011, la sécheresse la plus grave depuis 60 ans a touché la Corne de l'Afrique. La Chambre générale de commerce chinoise, la Fédération de la diaspora chinoise et l'Association sino-kényane pour le commerce se sont unies pour rédiger des propositions écrites à destination de la diaspora chinoise présente au Kenya et en Afrique de l'Est. Elles ont appelé à tendre la main pour venir en aide aux victimes de la sécheresse. De nombreuses entreprises chinoises ont répondu par de l'aide financière. La somme récoltée a permis d'acheter de farines de maïs et des sacs de grains sur lesquels était imprimé le drapeau national chinois. Plus d'une vingtaine de camions ont servi à acheminer les marchandises à 700 km de distance, près de la frontière somalienne. En apprenant que des Chinois comptaient envoyer de l'aide humanitaire, de nombreux locaux sont sortis de chez eux dans la nuit pour attendre. Les vivres ont été partagés et chaque famille est repartie avec sa part sur le dos. Cela a été un moment marquant. »

常居肯尼亚的韩军，心却离中国很近很近。每年他都要回国参加海外华人华侨相关的会议，了解国内的变化，了解中国企业以及华人的需求。作为海外华人代表，他受邀在天安门广场观看了 2009 年中华人民共和国成立 60 周年阅兵式和 2015 年纪念抗日战争暨世界反法西斯战争胜利 70 周年阅兵式。

Malgré sa présence de longue date au Kenya, Han Jun reste très attaché à la Chine. Chaque année, il rentre dans son pays pour participer à des rencontres avec des Chinois d'outre-mer, découvrir l'évolution de son pays et tenter de comprendre les besoins des entreprises chinoises et de la diaspora. En tant que représentant de la diaspora chinoise, il a participé en 2009 aux célébrations du soixantenaire de l'établissement de la République populaire de Chine et à celles de 2015 à l'occasion du défilé militaire pour les 70 ans de la fin de la guerre antifaciste contre le Japon.

“我感觉从 2009 年的六十大庆到九三阅兵，国家的实力增强了，从我的内心上感觉还是比较震撼的。起码感觉到祖国强大了，我们在海外的腰也能挺直了，我们在海外生活，心理上更踏实些，更加有安全感了。”

« Depuis le soixantenaire de 2009 et le défilé militaire du 3 septembre, il me semble que la Chine s'est renforcée sur le plan militaire. Je le ressens au plus profond de mon coeur. Je sens que mon pays est beaucoup plus puissant. Cela est également bon pour nous qui vivons à l'étranger. Nous nous sentons plus stables, plus tranquilles, plus en sécurité. »

20多年的旅肯经历，怀揣一腔报国热忱，韩军很自然地成为了构架中肯桥梁的人选。随着中国"走出去"的步伐不断加快，这位"老肯"任重而道远。

Fort d'une vingtaine d'années d'expérience au Kenya et de son amour pour son pays natal, Han Jun est naturellement devenu une référence en matière de relations kényanes. Le mouvement migratoire de la Chine vers l'Afrique et le Kenya ne cesse de s'accélérer. Pour ce Kenyan de coeur, il restera toujours beaucoup à réaliser.

13

Han Rong:

韩蓉：在北京建个“非洲艺术小镇”

Une Chinoise férue de la sculpture Makondé

马孔德木雕收藏家

Collectionneuse de sculptures Makonde

这些就是马孔德木雕，因来自坦桑尼亚的马孔德民族而得名，这些木雕的拥有者叫韩蓉。作为中国第一代斯瓦希里语学者，她曾于 20 世纪 80 年代随中国医疗队第一次来到坦桑尼亚，而且恰巧就来到了位于东南部的马孔德地区。

Voici les sculptures sur bois Makonde qui tiennent leur appellation de l’ethnie tanzanienne du même nom. Leur propriétaire n’est autre que Han Rong. Membre de la première génération des chercheurs chinois en swahili, elle travailla dès les années quatre-vingt avec l’équipe médicale chinoise envoyée en Tanzanie.Et par chance, elle séjourna dans le sud-est du pays, lieu d’origine de l’ethnie Makonde.

“去了之后，省长开欢迎会，给我们每个医疗队员每人一个小木雕，很短的，15 厘米左右。就是一个很普通的人体，谁都没当回事，我还想怎么送礼送这个。”

« Le gouverneur avait organisé une cérémonie de bienvenue en notre honneur. Il avait offert à chaque membre de l'équipe médicale une petite statuette en bois de quinze centimètres environ. Personne n'y avait prêté attention, et moi-même je ne comprenais pas le sens de ce cadeau. »

1990 年，韩蓉与丈夫李松山做了一个在当时别人看来“不可思议”的决定。两人辞去公务员身份来到坦桑尼亚创业。随着与马孔德人的深入接触，韩蓉夫妇慢慢爱上了这门艺术，并开始不停地，甚至有些疯狂地收集马孔德木雕。

En 1990, elle et son mari Li Songshan prirent une décision étonnante pour l'époque : ils décidèrent de quitter leur confortable situation de fonctionnaires afin de retourner en Tanzanie pour monter leurs affaires. En approfondissant leurs contacts avec les Makonde, Han Rong et son mari tombèrent progressivement sous le charme de cet art. Ils commencèrent dès lors à collectionner les sculptures Makonde sans ne plus savoir comment s'arrêter.

“一个当地的年轻人，30 多岁，找到我们，说他有一大批收藏，是他爸爸生前留下的。虽然挂满了尘土，你仍然能看出他雕的那些东西，栩栩如生的那些人的形象。”

« Un jeune homme d'une vingtaine d'années est venu nous voir pour nous montrer l'impressionnante collection constituée par son père de son vivant. Bien qu'entièrement recouverte de poussière, on pouvait encore entrevoir les formes réalistes de ce qui avait été sculpté. »

为了这批藏品，韩蓉夫妇历经5年才把钱款全部结清。他们在坦桑尼亚当地也结交了很多其他国家的马孔德木雕爱好者，发现在西方国家，马孔德木雕已经获得了一定的认可。这让夫妇两人意识到，他们有责任把这个非洲艺术带到中国的土地上。1997年，韩蓉夫妇私人出资，代表坦桑尼亚政府在北京举办了“坦桑尼亚大型艺术展览”，展览的主题就是马孔德木雕。从此，二人不停地将他们挚爱的非洲艺术带回国内，并先后向长春市政府和中国美术馆捐赠马孔德木雕，让越来越多的中国人知道并了解马孔德木雕。

Ils mirent plus de cinq ans à rembourser la somme déboursée pour cette collection. Le couple connut en Tanzanie des amateurs de sculptures Makonde venus de l'étranger, ils prirent conscience du fait que cet art était de plus en plus apprécié à travers le monde, et qu'ils avaient désormais la responsabilité de le faire connaître en Chine. En 1997, le couple organisa sur fond propre et au nom du gouvernement tanzanien, une grande exposition à Beijing, sur le thème des sculptures en bois Makonde. Depuis lors, ils ne cessèrent de rapporter leurs trésors africains en Chine, en offrant notamment des sculptures Makonde à la municipalité de Changchun et au Musée des Beaux-arts de Chine, afin de faire découvrir cet art à l'ensemble du peuple chinois.

“我举用一个雕塑家（刘焕章）的例子，他第一次看到这个木雕，他说‘我喜欢’。我说为什么，他回答说‘它是活的’。你看到的任何一件都是活灵活现的；它不是模仿的，不是工匠的东西，是有灵魂的东西。”

« Permettez-moi de donner l’exemple de ce sculpteur qui, au premier coup d’œil, est tombé sous le charme d’une sculpture. Je lui ai alors demandé la raison, il m’a répondu qu’elle était vivante, et que chaque objet avait sa propre âme. Il s’agit bien plus que d’une représentation artisanale, ce sont des objets pleins de vie. »

从 2012 年开始设计策划，直到 2014 年，韩蓉夫妇终于在北京建成了“非洲艺术小镇”。他们还请来了时任坦桑尼亚总统基奎特为“非洲艺术小镇”的落成典礼剪彩。

Entre 2012 et 2014, après deux années de conception et de planification, Han Rong et son époux finirent par mettre sur pied à Beijing leur projet de « Village d’Art Africain ». L’ex-Président tanzanien Kikwete est même venu en personne assister à l’inauguration.

"很多非洲人来了之后，尤其是总统来剪彩的时候激动得不行，他当时就说我退休之后来这教斯瓦希里语。"

« La plupart des Africains qui ont assisté à l'inauguration étaient très enthousiasmés, y compris le Président. Il m'a glissé à l'oreille qu'il viendrait ici enseigner le swahili une fois à la retraite. C'est exactement le type d'enthousiasme qui transparaît chez nos frères africains. »

遗憾的是，李松山因筹建"非洲艺术小镇"最终病倒不幸离世，但韩蓉依然坚守着两人当初的梦想。

Malheureusement, Li Songshan décéda des suites de sa maladie apparue pendant la construction du Village d'art africain. Mais Han Rong resta fermement accrochée à leur rêve et leur ambition initiale.

“做一件事很不容易，特别是这个‘艺术小镇’，所以我的想法是，这个东西将来是要留给社会的，Makonde 之家，Makonde 艺术博物馆，这个东西要永远留在中国的土地上。”

« Rien n’est jamais facile, et surtout la construction de ce « village d’art », je me suis alors dit que nous faisions cela pour la société, la Maison Makonde, le Musée d’Art Makonde restera à jamais sur le sol chinois. »

韩蓉和李松山夫妇，给我们留下的不仅仅是他们的“非洲艺术小镇”，更给我们留下了他们为传播非洲艺术的奉献精神。

Han Rong et Li Songshan légueront aux générations futures non seulement leur «Village d'art africain», et surtout leur dévouement total aux échanges culturels sino-africains.

14

林娜：中国学府走出来的摩洛哥经济学者

Hind Lebdaoui:

Professeur marocaine en Chine

上海财经大学教师

Professeur, Shanghai University of Finance and Economics

汗德 · 乐白达维（Hind Lebdaoui），一位摩洛哥姑娘，她有个中文名字叫林娜。在摩洛哥读大学期间，林娜就下定决心，要走一条和别人不同的道路。那时她身边的同学们纷纷选择去欧洲留学，而林娜希望能来中国。中国经济的飞速发展一直深深吸引着这个年轻的摩洛哥女孩，但是她未曾想到，这个梦想有一天真的把她带进了中国上海一所久负盛名的高等学府。从此，命运将她和中国紧紧地连在了一起。

Alors qu'elle était encore étudiante au Maroc, Hind Lebdaoui, Lin Na de son nom chinois, a décidé de suivre une voie différente. Alors que ses camarades faisaient naturellement le choix de l'Europe pour terminer leurs études, c'est la Chine et sa croissance économique fulgurante qui faisaient rêver depuis toujours cette jeune femme marocaine. Elle-même n'aurait jamais imaginé que son rêve allait l'amener à intégrer une prestigieuse université chinoise. Son destin, allait finalement croiser celui de la Chine.

“小时候，我就深受中国文化熏陶，我非常喜欢中国。但那时，中国只是我的一个梦。有了‘中非高校合作计划’的资助，梦想的小火花变得闪闪发亮。现在中国已经成为我生命中不可或缺的一部分。”

« Quand j'étais petite, je me rappelle avoir été baignée dans la culture chinoise, et j'adorais la Chine, mais c'était un rêve pour moi. C'est grâce à cette bourse de coopération chinoise que l'étincelle, si vous voulez, de ce rêve jaillit, et que la Chine devint un de mes objectifs. Alors que maintenant la Chine est déja devenue une partie indispensable de ma vie. »

Personne n'aurait imaginé que cette jeune femme, bénéficiaire du « Projet de coopération universitaire sino-africaine 20+20 », donnerait un jour des cours de finance et d'économie à des étudiants chinois. Et pourtant, avec son doctorat en poche, le rêve de Lin Na n'allait pas s'arrêter en si bon chemin. Malgré une légère appréhension, l'équipe professorale ainsi que tous ses étudiants ont tout de suite adopté la jeune professeure. Son intégration réussie, la jeune Marocaine allait pouvoir s'épanouir ici, en Chine, dans son domaine de recherche, et avoir même la chance de présenter lors de nombreuses conférences, ses travaux qui s'inscrivent dans la perspective du développement africain.

受益于“中非高校 20+20 合作计划”，这位摩洛哥女孩，如今留在中国任教，给中国的学生们讲授经贸课程。林娜目前已经取得了博士学位，但她追逐梦想的脚步并没有停止。尽管一开始任教没有那么一帆风顺，但这位年轻的外籍教师很快就得到了同事和学生的认可。林娜成功地融入中国高校教师的队伍，并且不断钻研学术，参加过众多经济学术研讨会，分享自己关于非洲发展前景的研究成果。

"在中国，每天都可以获取大量的信息。只要你去学校或者图书馆转一圈，海量的信息随处可见。我们有这么好的硬件条件，就应该好好利用。在这个学习过程中，能让非洲国家获益，同时帮助他们发展。"

« Ce qui est important ici en Chine, c'est que vous avez accès à l'information. Vous avez fait le tour de l'université et de la bibliothèque, et vous avez pu voir l'arsenal de la connaissance disponible partout. Voilà, on est bien outillés, il reste juste à produire. C'est dans ce processus de production qu'on peut intervenir pour donner plus aux pays africains, pour soutenir le développement des pays africains. »

中国有越来越多的企业参与到经济全球化的进程中。林娜也开始为一些进入非洲发展的中国企业提供帮助。

Globalisation oblige, les entreprises chinoises entendent désormais implanter et développer leurs activités sur le continent africain. Lin Na n'a pas hésité un seul instant à collaborer avec une entreprise de confection du Shandong.

"我一直都希望把自己财经方面的专业知识运用到国际贸易当中，现在恰好有这样的机会与中国的一家做服装出口的民营企业合作，帮助它开拓非洲市场。我的主要任务就是帮助这家公司更好地了解非洲当地的文化和商业环境。我希望将来能够继续和这类企业合作，帮助他们开发非洲市场。"

« J'ai toujours eu à cœur d'apporter mon expertise financière et économique au service du commerce international, et justement, j'ai eu l'occasion d'assister une PME chinoise du secteur textile liée à l'export à conquérir de nouveaux marchés africains. J'avais pour mission de les aider à mieux comprendre la culture et les pratiques commerciales de ces pays-là. Et à l'avenir, j'aimerais continuer à collaborer avec ce type d'entreprises chinoises qui souhaiteraient s'ouvrir sur l'extérieur. »

刚到中国时，她背井离乡，很难想象自己能够适应这里的新生活。然而，慢慢地，这位年轻的外国教师与她的中国朋友们建立起了深厚的情谊。如今，自然而然地，这位“上海姑娘”已经把中国看作是她的第二故乡。

À son arrivée, elle n’aurait jamais imaginé pouvoir s’habituer à sa nouvelle vie, loin de son pays. Et pourtant, au fil des ans, la jeune professeure n’a cessé de tisser des liens et de renforcer ses relations avec l’ensemble de ses amis et partenaires chinois. Aujourd’hui, c’est tout naturellement que cette Shanghaïenne d’adoption considère la Chine comme son deuxième pays.

“有时候在出租车上和司机聊天，我会说，‘我是上海人’。说这句话的时候，我真的有一种归属感。”

« Parfois je dis au chauffeur de taxi « Je suis Shanghaïenne ». Je ressens vraiment un sentiment d’appartenance envers ce pays-là. »

中国改变了这位年轻摩洛哥学者的命运，她的经历也是中非合作的完美缩影。2014 年第一届中国－摩洛哥经济论坛的举办，开启了两国未来合作关系的新篇章。林娜，也用她的经历，为其他怀揣中国梦的摩洛哥人，开拓了一条实现他们梦想的道路。

La Chine a bouleversé le destin de cette jeune économiste marocaine, qui illustre parfaitement à elle seule la réussite de la coopération sino-africaine. Le premier forum économique sino-marocain qui s’est déroulé en 2014, a entrouvert le futur des relations d’un nouveau genre entre la Chine et le Maroc. Lin Na, à travers son parcours, a quoi qu’il en soit ouvert la voie aux autres étudiants et chercheurs marocains qui viendront à leur tour réaliser leur rêve chinois.

15

蒋和平：援非农业专家

Jiang Heping:

Un expert chinois au service de l'agriculture africaine

中国农业科学院农业经济学家

Expert en économie agricole, Académie des Sciences agricoles de Chine

蒋和平教授作为国内知名的农业经济专家和农业规划专家，受商务部和农业部委派，多次赴非洲执行农业援外任务。

En tant qu'économiste agricole et expert de la planification agricole reconnu en Chine, le professeur Jiang Heping a été chargé par les Ministères du Commerce et de l'Agriculture de mener à plusieurs reprises différentes missions d'aide agricole en Afrique.

“我们中国很多成熟的技术对非洲来讲，不一定是非常合适的。一定要因地制宜。就像我们的杂交玉米，产量很高，但是在苏丹这个国家当中，鸟类很多，他们希望我们能够根据他们的情况，把我们的品种和他们的品种最好杂交，这样能够培育出鸟类不爱吃、产量又非常高的玉米。”

« Il n'est pas exact de penser que la plupart des technologies chinoises avancées soient nécessairement appropriées à l'Afrique. Elles doivent être avant tout adaptées aux conditions locales. Prenons l'exemple de notre maïs hybride à haut rendement. Au Soudan où il y a beaucoup d'oiseaux, les gens nous ont ainsi demandé de concevoir une variété adaptée à leur situation, en mélangeant nos meilleures variétés hybrides aux leurs, de sorte que les oiseaux n'aiment plus manger ce type de maïs, présentant par ailleurs un très haut rendement. »

2006 年至今，蒋和平先后完成了对非洲18个国家的考察，并亲笔撰写了十几个国家农业技术示范中心的考察报告和可行性报告。在与非洲长期的农业合作交流过程中，蒋和平也受益良多。

Au cours des dix dernières années, le professeur Jiang Heping s'est rendu successivement dans 18 pays africains pour y mener différentes expéditions scientifiques. Il a par ailleurs écrit une dizaine de rapports d'inspection et de faisabilité qu'il a remis au Centre national de démonstration des techniques agricoles. Au cours d'une dizaine d'années de coopération et d'échanges agricoles avec l'Afrique, le professeur Jiang Heping a obtenu des résultats significatifs à la hauteur de son engagement.

"我们有很多种子也得从非洲引过来，跟我们的粮食种子进行杂交，他们也有一些优良的品质，不是说非洲的东西都是产量低，它们有不同的种子的基因，把他们的种子基因和我们的种子基因结合起来，就能够形成一个很好的品种。"

« Nous importons encore beaucoup de graines africaines que nous mélangeons avec nos variétés hybrides. Certaines sont d'assez bonne qualité, et les quantités produites sont parfois importantes. Il y a plusieurs catégories génétiques de graines, nous pouvons ainsi les combiner aux nôtres afin de créer des variétés de qualité supérieure. »

蒋和平所到过的考察地区一般条件艰苦。10年前考察安哥拉，当时内战结束不久，那次调研经历可谓困难重重，令他至今记忆犹新。

Les expéditions scientifiques dans les pays africains se déroulent souvent dans des conditions difficiles. Le professeur Jiang Heping se souvient encore des nombreuses difficultés rencontrées il y a 10 ans en Angola, au moment où le pays sortait tout juste de la guerre civile.

“很多地方地雷还没有完全排干净，所以我们下去调研的时候，还冒着踩地雷的风险。”

« Beaucoup d’endroits n’avaient pas encore été totalement déminés, ainsi lorsque nous faisions nos recherches sur le terrain, le risque de marcher sur une mine était bel et bien réel. »

Dans les faits, les difficultés liées au monde extérieur ne représentaient pas le plus grand défi auquel était confronté Jiang Heping. Atteint de diabète depuis près de 30 ans, le professeur Jiang doit constamment s’administrer de l'insuline, mais à cause des températures élevées dans la plupart des pays africains, le stockage des médicaments y est encore un véritable casse-tête. Et après chaque injection, il faut être en mesure de prendre une collation.

其实，这些外界的困难对蒋和平来说还不是最大的挑战，患有 30 年糖尿病的他，需要长期注射胰岛素。但非洲国家大多气温很高，药品储存是个很大的问题。而且注射之后，需要很快补充食物。

"所以像我打了胰岛素之后，到了时间是需要吃东西的，但是到下面去考察的时候，一般都没有餐馆，吃饭一般都没有规律。所以我经常跟我的团员们讲，我有糖尿病，到时出现情况，给我喝一瓶含糖的饮料或者准备一杯糖水，就解决问题，但是如果不吃这个就可能有生命危险。"

«Donc, après chaque injection d'insuline, je dois normalement manger quelque chose. Mais lorsque nous étions sur le terrain, il n'y avait généralement pas de restaurant, et je ne prenais pas mes repas à l'heure. Je rappelais ainsi aux membres du groupe de recherche que j'étais diabétique, une fois que j'avais un choc hypoglycémique, et je leur demandais de me servir une boisson sucrée ou bien un verre d'eau avec du sucre, le problème sera résolu. Mais le fait de ne pas manger mettait vraiment ma vie en danger.»

所有这些死亡的威胁，都很快被抛诸脑后。现在，他不但自己还坚持每年赴非洲考察调研，还在培养后备力量，让更多农业人才能够继承这份事业。

Ces différentes menaces sur la santé de Jiang Heping sont aujourd'hui loin derrière lui. Le professeur insiste désormais pour mener ses recherches chaque année en Afrique, tout en prenant également le soin de préparer la relève, en formant de nouveaux experts agricoles aguerris aux besoins spécifiques de l'Afrique, et capables de perpétuer l'héritage accumulé au fil du temps.

"我特别喜欢非洲，我觉得有一种爱上非洲的感觉。我有一个梦，就是我们中国的那些农业技术也好，我们的农业示范中心也好，帮助非洲农民种出来的农作物硕果累累，以后非洲的孩子不再因为饥饿而哭泣。"

«Je suis un amoureux de l'Afrique, je ressens vraiment un sentiment d'amour à son égard. Et j'ai encore un rêve, celui de faciliter le travail des agriculteurs africains, et ce grâce aux techniques ou aux Centres de démonstration agricoles chinois. Ainsi, tous les enfants du continent ne pleureront plus à cause de la faim.»

16

Jiang Keyu & Simon Abbé:

蒋可钰、西蒙阿贝：舞蹈情缘

Danser l'amour

阿蓓舞团创立者、舞蹈演员

Danseurs, chorégraphes, fondateurs de la Compagnie ABBE Dance

蒋可钰和西蒙阿贝在北京排练新作《游戏》。这对中国和喀麦隆伉俪结识了十几年。他们的相遇缘于11年前，中国文化部当时派遣了包括蒋可钰在内的几名中国舞者，到喀麦隆帮助他们建国家舞蹈团。到喀麦隆半年后，蒋可钰认识了国家舞蹈团的舞者西蒙阿贝。

Jiang Keyu et Simon Abbé sont en pleine création d'une nouvelle danse à Beijing nommée « Le Jeu ». Les époux chinois et camerounais qui forment la Compagnie ABBE Dance, se connaissent déjà depuis plus d'une décennie. Leur histoire d'amour a débuté il y a 11 ans, lorsque le Ministère chinois de la Culture a envoyé Naers et Jiang Keyu aider le Cameroun à mettre sur pied le Ballet national. Six mois après son arrivée dans ce pays africain, Jiang Keyu a fait la connaissance du danseur camerounais Simon Abbé.

蒋可钰："这么高这么帅的一个男孩，跳 hip-hop 的，我对他的第一个感觉，就是我脑子里出现了一个词：天才。3 周之后我们看了一场演出，可能刺激了我们俩对舞蹈前景的一个愿望。所以那天我们就莫名其妙地牵手了。"

« Un jeune homme aussi grand et aussi beau, danseur de hip-hop. Le premier mot qui m'est venu à l'esprit c'est : talentueux. Trois semaines plus tard, nous sommes allés voir ensemble un spectacle qui nous a peut-être donné l'envie de danser ensemble à l'avenir. Ce jour-là, sans trop savoir pourquoi, nous nous sommes pris par la main. »

认识 3 周后，两个人很自然地走到一起。在喀麦隆的这三年，一起跳舞的快乐时光转瞬即过。蒋可钰要回国了，而西蒙阿贝要去法国工作了。多情自古伤离别，异地恋很不容易，两个人有 18 个月没有见面，只能靠频繁的电话保持联系。当时快到 30 岁的蒋可钰，对于结婚，也面临着社会和家人的压力。这一切直到西蒙阿贝在法国结束了巡演，买了机票来中国看蒋可钰。

Mais ces trois belles années au Cameroun à danser dans la joie et la bonne humeur sont passées comme un éclair. Alors que Jiang Keyu s'apprêtait à rentrer en Chine, Simon Abbé, lui, partait pour un travail en France. Tristes, les deux amoureux étaient contraints de se séparer. Une relation à distance n'est jamais facile, et éloignés l'un de l'autre pendant un an et demi, ils devaient se contenter de rester en contact par téléphone. En Chine et se rapprochant de la trentaine, Jiang Keyu devait également faire face à la pression sociale et familiale qui la poussait à se marier. Et cette situation a duré jusqu'à ce que Simon Abbé termine sa tournée en France et s'achète un billet d'avion pour la Chine afin de retrouver Jiang Keyu.

西蒙阿贝："这个过程还是很艰难的。一方面，我很想跟她在一起；另一方面，异地恋特别不容易。但是我对她做出过承诺。"

« Cela a été difficile, parce qu'il y avait ce désir de retrouver une personne pour qui j'avais des sentiments assez profonds, et il y avait aussi la notion d'être dans un autre endroit où il y avait des possibilités de faire autre chose. Mais je crois que c'était difficile parce qu'il y avait quand même des promesses que je m'étais faites vis-à-vis d'elle. »

6年苦恋之后，蒋可钰将西蒙阿贝带到了父母面前。二老一见面就喜欢上了这个非洲小伙子。有情人终成眷属。但和所有的跨国婚姻一样，文化冲突时有发生。不过他俩有自己的解决办法。

Après avoir caché cette relation à ses parents pendant près de six ans, Jiang Keyu s'est enfin décidée à leur présenter Simon Abbé. Ses parents sont tout de suite tombés sous le charme de ce jeune Africain. Les deux amoureux se sont finalement retrouvés, mais comme dans tous les mariages mixtes les conflits culturels ont fini par apparaître. Ils ont toutefois su trouver très rapidement leurs propres solutions.

蒋可钰："如果我们俩吵架了，或者是有什么问题了，他听一下音乐，我给他放一下音乐，他一会儿就好了。但是我还会在这个问题里徘徊。但是跟他在一起，他会排解你，他会帮助你。"
西蒙阿贝："我认为爱情就是建立在差异的基础上。世上并没有永恒的激情，要给对方空间，倾听对方，求同存异。"

« Si on se dispute, ou bien en cas de conflit, je lui fais écouter de la musique et il finit par se calmer. Mais moi je n'arrive pas à m'ôter le problème de la tête. Mais avec lui, il sait comment se réconcilier avec moi et me venir en aide. »
« Je crois que l'amour, c'est une construction dans la différence. Il n'y a pas de passion constante, ça permet de laisser de la place à l'autre, d'écouter l'autre et de pouvoir faire ce chemin dans la différence ensemble.»

2008年，蒋可钰和西蒙阿贝在喀麦隆成立了阿蓓舞团。他们在欧洲、亚洲、非洲各地演出，也让越来越多的人们感受到了现代舞和非洲舞的魅力。2015年，他们创作的作品《裂》，又相继在中国、喀麦隆、法国各地巡演，以舞蹈的方式探讨当代人情感的脆弱。对于未来，蒋可钰和阿贝打算把阿蓓舞团打造成一个提供各种艺术交流的平台，可以跳舞、读诗歌、演戏剧，让更多的人在这里结缘。

En 2008, les époux ont fondé au Cameroun la Compagnie ABBE Dance. Ils travaillent en Europe, en Asie et en Afrique et enseignent la danse moderne et africaine à des gens venus de divers pays du monde. En 2015, leur nouveau spectacle intitulé « Rupture », qui explore le thème de la vulnérabilité du sentiment amoureux aujourd'hui, était en tournée dans diverses régions de Chine, du Cameroun, et de France. À l'avenir, Jiang Keyu et Simon Abbé envisagent de transformer leur Compagnie ABBE Dance en une plateforme de danse, de chant et de théâtre, capable d'offrir une palette artistique la plus large possible.

17

李基昌：海水隔不断的情缘

Kee Chong Li Kwong Wing:

L'amour par-delà les mers

毛里求斯国民银行行长

Président de la State Bank of Mauritius

毛里求斯地处印度洋西南方，是经济上最具竞争力的非洲国家之一。在毛里求斯 120 多万人口中，华人大约占据 2% 的比重。李基昌是一位毛里求斯土生土长的华人，父母都是广东客家人。他现任毛里求斯国民银行行长，同时还担任毛中友好文化协会会长。毛里求斯的华人以从商为主，所占人口比例虽然不高，却在当地备受尊重。

Située dans le sud-ouest de l'océan Indien, la République de Maurice est l'une des économies les plus prospères et compétitives en Afrique. Sa population dépasse les 1 200 000 personnes, dont environ 2% sont d'origine chinoise. Kee Chong Li Kwong Wing est né et a grandi à Maurice. Ses parents sont tous deux originaires de la communauté Hakka du Guangdong. Il est aujourd'hui président de la State Bank of Mauritius et président de l'Amicale Maurice-Chine. Les Chinois de Maurice font principalement du commerce et s'ils ne sont qu'une minorité au sein de la population de l'île, ils sont cependant très respectés.

"华人商家帮助当地人，向他们提供类似于小额信贷或小额融资的贷款。华人是第一个这么做的，因为当地人多数都是低收入的工人或农民，他们没有固定资产可做抵押，所以都是凭信任。华人提供给他们食物、货品、资金和商品。等他们有了钱，收到工资或者收了庄稼，华人商家才收回贷款。"

« Les commerçants chinois aident les autres en leur proposant des prêts, comme des microcrédits ou du microfinancement. Les Chinois ont été les premiers à faire cela, car la plupart des ouvriers ou des agriculteurs n'ont pas de biens immobiliers pouvant servir d'hypothèque, donc tout se base sur la crédibilité. Les Chinois leur donnent de la nourriture, des produits, des fonds, des marchandises. Lorsqu'ils obtiennent de l'argent, qu'ils ont reçu leur salaire ou touché le fruit de leurs récoltes, alors les marchands chinois récupèrent leur dû. »

李基昌从小就对中国有着特殊的情感。作为毛中友好文化协会会长，他常常奔波于两国之间，还多次组织上海的商业与文化机构去毛里求斯举办文化、体育、艺术方面的交流活动。2014 年，为了表彰他对上海与毛里求斯之间友谊做出的贡献，上海市政府为他颁发了"白玉兰纪念奖"奖章。

他身边也有越来越多的毛里求斯人对中国文化萌发了兴趣。

Kee Chong Li Kwong Wing nourrit depuis l'enfance un intérêt spécial pour la Chine. En tant que président de l'Amicale Maurice-Chine, il a organisé pour les associations commerciales et culturelles de Shanghai de nombreuses visites à Maurice sur le thème des échanges culturels, sportifs et artistiques. En 2014, afin de le récompenser pour sa contribution à la consolidation de l'amitié entre Shanghai et Maurice, le gouvernement municipal de Shanghai lui a décerné la médaille du magnolia blanc. Autour de lui, de plus en plus de personnes s'intéressent à la culture chinoise.

"很多人想找我们学做中国菜，他们说中国饭菜很好吃，很喜欢中国饭菜。有的人还想学汉语，然后去中国留学。毛里求斯有数百名曾在中国留学的医生。如果你生病了去医院，医生可能是非洲裔或者印度裔，但是他们的汉语都比我说得好。"

« De nombreuses personnes viennent nous voir pour apprendre la cuisine chinoise. Ils disent que les plats chinois sont délicieux et qu'ils apprécient notre cuisine. Il y en a aussi qui souhaitent apprendre la langue chinoise et partir étudier en Chine. À Maurice, on dénombre plusieurs centaines de médecins qui ont étudié en Chine. Si vous êtes malade et que vous vous rendez à l'hôpital, vous tomberez peut-être sur un médecin d'origine africaine ou indienne mais qui parle le chinois mieux que moi. »

2015 年，毛里求斯共接待了约 9 万名中国游客，成为中国游客赴非主要旅游目的地。在李基昌的积极参与下，2015 年 9 月，毛里求斯国民银行与中国银联国际达成合作协议。如今，毛里求斯 90% 的商店接受几乎所有的中国银行卡付款。这标志着人民币国际化在非洲迈出了重要一步。毛里求斯不仅欢迎中国游客，还希望进一步吸引中国投资者。

En 2015, l'île Maurice a accueilli près de 90 000 touristes chinois, ce qui en fait la principale destination touristique des Chinois en Afrique. Grâce à la participation active de M. Li Kwong Wing, en septembre 2015 la SBM et la compagnie chinoise UnionPay International ont conclu un accord de coopération. Aujourd'hui, environ 90% des commerces mauriciens acceptent les paiements par presque toutes les cartes bancaires chinoises, ce qui marque une étape importante de l'internationalisation du RMB en Afrique. Si Maurice accueille les touristes de Chine, elle souhaite également attirer ses investisseurs.

"毛里求斯是非洲的枢纽和金融中心，我们希望能争取到中国投资者，将毛里求斯作为他们进入非洲市场的贸易和投资入口。毛里求斯政府规划了一块自由贸易区，让中国企业来发展这块区域，将毛里求斯打造成向非洲投资和出口的自由港。"

« Maurice est un centre financier ainsi qu'une plaque tournante en Afrique. Nous espérons pouvoir attirer les investisseurs chinois, et faire de Maurice leur porte d'entrée pour investir et faire du commerce en Afrique. Le gouvernement mauricien a lancé une zone franche afin que les entrepreneurs chinois viennent la développer. Il souhaite que Maurice devienne un port franc pour le commerce et les exportations vers l'Afrique. »

作为海上丝绸之路的重要一环，毛里求斯与中国在未来的合作令人期待。李基昌深感自己任重道远，愿筚路蓝缕，不遗余力。

Maurice étant un élément important de la Route de la soie maritime, les attentes sont grandes concernant le futur de la coopération sino-mauricienne. Il reste encore beaucoup à faire pour Kee Chong Li Kwong Wing.

18

Kenneth David Kaunda :

肯尼思·戴维·卡翁达：赞比亚总统的中国情结

La passion chinoise du premier président zambien

赞比亚首任总统

Le premier président de la Zambie

这里是赞比亚，赞比西河像生命之河一样哺育着这里的人民。这里有中国人民的老朋友肯尼思·戴维·卡翁达。因为身体原因，卡翁达老人一直在医院休养，无法接受我们的采访。他的儿子，向我们讲述了自己父亲与中国的故事。

Voici la Zambie. Le Zambèze est le fleuve de la vie, il nourrit le peuple. Ici vit un vieil ami de la Chine : Kenneth David Kaunda. Pour des raisons de santé, il vit en maison de repos. Il n’a pas pu répondre à notre demande d’interview. C’est son fils qui nous a raconté le lien entre son père et la Chine.

Kaweche Kaunda（卡翁达儿子）：

“在我小时候，只能记起父亲曾经去过的那么几个国家，中国就是其中之一。只要父亲去中国访问，我的母亲就会告诉我一些关于中国的美好故事，他们去了哪里？看到了什么？通过这种方式，我了解到每次他们去中国都非常地愉快。”

« Lorsque nous étions enfants, il y a très peu de pays que nous nous rappelions qu'il ait visités. Et la Chine était l'un de ces endroits que, nous dans nos esprits, nous connaissions. Et chaque fois que mon père y allait, ma mère nous racontait de très belles histoires sur ce qu'ils avaient visité et sur ce qu'ils avaient vu. Et dans la manière dont ils nous racontaient ces histoires, ils semblaient apprécier ces voyages à chaque fois qu'ils allaient en Chine. »

卡翁达是毛泽东主席所说的把中国抬进联合国的非洲兄弟之一。

Kenneth David Kaunda fait partie des frères africains qui selon Mao Zedong ont encouragé l'entrée de la Chine au sein de l'ONU.

“（2013年采访资料）当我第一次来到中国的时候，我见到了毛主席，我不远万里从赞比亚来看望毛泽东主席，我们商讨国事，发现彼此有很多共同点。他是中国人，我是非洲人，赞比亚人，一位黄种人，一位黑种人，他为中国奋斗着，我为赞比亚战斗着。我们彼此相互理解。”

« (Interview de 2013) Quand je suis venu ici la première fois, j'ai rencontré le président Mao. J'avais traversé des milliers de kilomètres depuis chez moi pour le rencontrer. Lorsque je l'ai rencontré, nous avons discuté. Nous avions beaucoup en commun. Il était Chinois et moi Africain, de Zambie. Il était jaune et moi noir, comme on dit. Il se battait pour la Chine et moi je me battais pour la Zambie. Nous nous comprenions bien. »

从坦赞铁路开始，这位赞比亚国父见证了中赞半个世纪的深厚友谊。

Depuis le lancement du chemin de fer Tanzanie-Zambie, ce père fondateur de la Zambie a été le témoin d'un demi-siècle d'amitié sino-zambienne.

“我们对毛主席和周总理说，赞比亚取得了民族独立，赞比亚需要一条从坦桑尼亚到赞比亚的铁路。我们首先跟西方国家提出修建铁路的需求，他们说：‘不需要，你们国家不需要这条铁路。’于是我们接着寻求中国的帮助，毛主席说，‘中国会帮助你们修建铁路。’中国人真的来到我们的国家，为我们修建了铁路。这是一条伟大的铁路。”

« Nous avons dit au président Mao et à Zhou Enlai que la Zambie avait gagné son indépendance. Nous avions besoin d'un chemin de fer entre la Tanzanie et la Zambie. Nous nous étions tout d'abord tournés vers l'Occident, qui nous a répondu que nous n'en avions pas besoin. Nous nous sommes donc tournés vers l'Orient. Le président Mao a répondu qu'il nous aiderait pour la construction. Les Chinois sont venus et nous ont aidés et guidés pour réaliser la voie ferrée. C'était merveilleux. »

作为非洲最伟大的领导人之一，卡翁达睿智豁达，出版了若干著作，他还是一个有才华的音乐家。

Kenneth David Kaunda a été l’un des grands dirigeants africains C’est un homme intelligent et ouvert d’esprit, ainsi qu’un écrivain et un musicien de talent.

“我用音乐跟人们交流，我热爱我的音乐，我喜欢用吉他来歌唱。我感谢上帝能让我生活得健康长寿，并让我有机会将这个国家变得更好。”

« C'est à travers la musique que je touche les gens ou divers domaines. J'aime la musique. J’aime chanter en jouant de la guitare. Je remercie Dieu de m'avoir fait vivre si longtemps afin de me permettre de faire de ce pays une merveilleuse nation. »

19

勒维·尼亚古拉：津巴布韦的汉语推广者

Lévi Nyagura : Promoteur de la langue chinoise au Zimbabwe

津巴布韦大学执行校长
Vice-chancelier de l'Université du Zimbabwe

津巴布韦大学孔子学院的蓬勃发展，离不开津巴布韦大学执行校长尼亚古拉教授的执着和努力。在他的积极推动下，中文作为学分制科目首次纳入津巴布韦大学教学体系。在他的努力下，2007 年，南部非洲第一所孔子学院成立。

L'Institut Confucius de l'Université du Zimbabwe n'aurait pas connu son développement florissant actuel sans les efforts du vice-chancelier Lévi Nyagura. Le professeur émérite est en effet à l'origine de l'introduction de l'enseignement de la langue chinoise dans les programmes universitaires du Zimbabwe. Et c'est encore lui qui, en 2007, participa activement à la fondation du premier Institut Confucius sur les terres d'Afrique australe.

“我们希望汉语能像法语、葡萄牙语、斯瓦希里语一样，汉语应该确立和这些语言相同的地位，事实上它也已经慢慢地发展起来了。”

« Nous voulons que la langue chinoise devienne comme les langues française, portugaise, ou encore la langue swahilie que nous enseignons déjà. La langue chinoise doit avoir un statut identique, d'ailleurs elle l'occupe déjà en réalité. »

中方汉语老师往往流动性大，大多又不懂当地语言。于是尼亚古拉教授牵头设立了“津巴布韦大学本土汉语师资培训计划”，使津巴布韦大学孔子学院成为非洲最早引进本土教师的孔子学院之一。7 名本土汉语教师，已投入到教学一线，今后还将继续去中国深造。

Les professeurs chinois ne sont souvent là que pour un certain temps, et la plupart d'entre eux ne parlent même pas la langue locale du pays qui les accueille. Fort de ce constat, le professeur Nyagura décida de mettre en oeuvre le "Programme de formation des enseignants zimbabwéens de chinois" faisant de l'Institut Confucius de l'Université du Zimbabwe un des premiers en Afrique à introduire les enseignants locaux dans le corps professoral. Les 7 enseignants locaux ont déjà pris leurs fonctions et se préparent même prochainement à repartir en Chine pour perfectionner leur niveau.

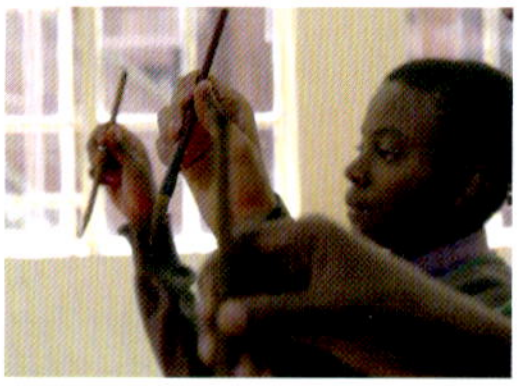

《绍纳语汉语－汉语绍纳语词典》
with English glasses

"中国人民大学帮助我们实现了拥有本土汉语教师的梦想。他们了解我们的目标和需求，是为了实现汉语教学以及传播中国文化，于是帮助我们培养发展本土教师。"

« Il s'agit de l'Université Renmin de Chine. Elle nous a énormément aidés à réaliser notre rêve de former des enseignants locaux. Ils ont parfaitement compris l'objectif que nous nous étions fixé, à savoir la réalisation de l'enseignement de la langue et de la culture chinoises. Ils nous ont assistés dans la formation de nos enseignants locaux. »

尼亚古拉教授曾多次到访中国。10多年来，他总是站在两国重要交流的前沿，特别是学术研究方面。他历经3年时间，克服诸多困难，带领中津双方语言专家，编纂完成了第一部《绍纳语汉语－汉语绍纳语词典》。

Le professeur Nyagura ne compte plus le nombre de fois où il s'est rendu en Chine. Depuis plus d'une décennie, il est à l'avant-poste des échanges toujours plus importants entre les deux pays, et notamment dans le domaine des recherches académiques. Malgré de nombreux obstacles, il dirigea personnellement pendant plus de trois ans l'équipe d'experts linguistiques sino-zimbabwéens, qui achevèrent la rédaction du premier "Dictionnaire officiel Shona-Chinois – Chinois-Shona".

"我想在同一个地球村里，我们应该拥抱整个世界。我们希望能够与中国人民多多进行沟通，希望促进两国人民之间的交流。"

« Je pense qu'au sein de ce village monde, nous devons prendre le monde tel qu'il est, c'est pourquoi nous voulons pouvoir communiquer avec le peuple chinois, nous voulons accentuer les échanges entre les peuples des deux pays. »

Le professeur Nyagura n'aurait jamais imaginé que près d'une décennie plus tard, l'Institut Confucius de l'Université du Zimbabwe compterait plus de 7 000 étudiants inscrits. Sous sa direction, l'institut a même remporté deux fois, en 2012 et en 2013, le trophée de l'Institut Confucius le plus innovant au monde. Le professeur Nyagura est loin de se contenter de cela, ses projets de développement de l'enseignement de la langue chinoise au Zimbabwe sont toujours aussi ambitieux que par le passé.

在尼亚古拉教授的全力支持下，10 年来，津巴布韦大学孔子学院已有注册学员 7000 多名。在他的带领下，该学院荣获 2012 年、2013 年度全球先进孔子学院。尼亚古拉教授并不止步于此，他对汉语教学制订了更远的规划。

"我们制订了一系列计划，未来会成立一个专门的培训机构，利用各类设施资源，满足不同学习者的需求，不仅是大学课程，还有中学和小学课程。"

« Nous avons déjà mis en place les plans pour construire un centre dédié et ses différentes installations, car nous pensons que cela est nécessaire que nous soyons en mesure de répondre au mieux aux besoins des apprenants, non seulement au niveau universitaire, mais également au niveau des écoles secondaires et primaires. »

越来越多的津巴布韦人开始学习汉语并积极参与各项中华文化活动，增进了两国的教育和文化交流。这其中，尼亚古拉教授功不可没。

Un nombre croissant de Zimbabwéens apprennent désormais le chinois et participent activement à diverses activités visant à promouvoir les échanges éducatifs et culturels entre les deux pays. Le professeur Lévi Nyagura a donc, quoi qu'il en soit, déjà réussi son pari.

20

李安山：Li Anshan :

不应被遗忘的非洲文明

La civilisation africaine ne doit pas être oubliée

北京大学国际关系学院亚非研究所教授、非洲研究中心主任

Directeur du Centre de recherches sur l'Afrique de l'Université de Beijing

提起非洲你会想到什么？气势磅礴的维多利亚瀑布，东非草原上的动物迁徙，还是风俗各异的原始部落？其实除了这些丰富的自然资源，作为人类的发源地，非洲还有着灿烂的文明史。

Si je vous dis Afrique, à quoi pensez-vous ? Aux impressionnantes chutes Victoria, au grand mouvement migratoire de la faune en Afrique de l'Est ou aux coutumes des tribus primitives ? En réalité, en tant que berceau de l'humanité, l'Afrique est riche de cultures magnifiques et de sa grande histoire.

“非洲文明不仅仅是埃及，它南面的邻国苏丹历史也很悠久，在苏丹发现的金字塔好像比埃及的还要多，然后还有东非海岸，也是一个多元文明的交汇点。”

« La civilisation africaine ne se résume pas à l’Égypte ou au Soudan, son voisin du Sud, où il semble que l’on ait découvert encore plus de pyramides qu’en Égypte. Plus bas, sur la côte de l’Afrique de l’Est, on trouve une région où convergent de multiples civilisations. »

李安山，北京大学国际关系学院亚非研究所教授，非洲研究中心主任，中国非洲史研究会会长。作为中国最早一批从海外学成归国的非洲史学家，李安山多年来潜心于非洲史学研究与教学。

Li Anshan est professeur du Bureau de recherches sur l’Asie et l’Afrique de l’Institut des relations internationales de l’Université de Beijing. Il est également directeur du centre de recherches sur l’Afrique et de l’Association chinoise des chercheurs en histoire africaine. Li Anshan, qui fait partie des premiers historiens chinois à être rentrés au pays après avoir été formés à l’étranger, se dévoue depuis de nombreuses années à la recherche et à l’enseignement de l’histoire africaine.

“西非实际上是一个很重要的文明区，像加纳、马里、桑海这些早期王国的历史都可以追溯到公元前。1642年，荷兰外交使团访问刚果王国的时候，代表团全部匍匐在地对刚果王表示敬意。”

« L'Afrique de l'Ouest est une zone de civilisation importante. Par exemple, le Ghana, le Mali et l'Empire de Songhai sont d'anciens royaumes qui datent d'avant Jésus-Christ. En 1642, une délégation de diplomates hollandais s'est rendue au royaume du Congo et s'est prosternée d'une jambe devant le roi en signe de respect. »

在中国，直到1793年才出现了英国使节马戛尔尼单脚跪见乾隆皇帝的情景。为了更全面地记录非洲历史，联合国教科文组织牵头，遴选全球历史学界顶级专家学者，集体编撰《非洲通史》第九卷。李安山作为亚洲唯一入选的非洲史专家，参与到国际科学委员会的工作中。

En Chine, il faudra attendre 1793 pour assister à une scène semblable, lorsque le diplomate anglais Earl George Macartney s'agenouilla d'une jambe devant l'empereur Qian Long. Afin de mieux documenter l'histoire africaine, l'UNESCO a sélectionné des historiens spécialistes dans le monde entier pour rédiger une série d'ouvrages intitulée « Histoire générale de l'Afrique ». Li Anshan, en tant qu'unique expert asiatique en histoire africaine sélectionné pour la rédaction du 9e volume, a participé au travail du comité scientifique international. Pour lui, cela a été un honneur rare, un travail et surtout une responsabilité.

"我们怎么样来还非洲历史一个公道，怎么样从一个局外人的角度，客观地看非洲历史、非洲文化，我觉得我们应该尽自己的责任。"

« Comment agir justement vis-à-vis de l'Afrique? Comment, en tant qu'étrangers, pouvons-nous porter un regard impartial sur l'histoire et la culture africaines. Je pense qu'il faut agir avec beaucoup de responsabilité. »

2015 年，联合国前任秘书长科菲·安南访问北京大学，北京大学将李安山教授的中英文版博士论文作为礼物赠予他。

En 2015, l'ancien secrétaire général des Nations Unies, Kofi Annan, s'est rendu en visite à l'Université de Beijing. L'Université lui a alors offert en cadeau la thèse en versions anglaise et chinoise du professeur Li Anshan.

"当时安南先生非常惊讶，他说没有想到中国还有研究加纳的学者，这对于我来说也是一种激励吧。"

« Kofi Annan en a été très surpris. Il a déclaré qu'il ne s'attendait pas à ce que des chercheurs chinois étudient le Ghana. Il a trouvé cela très encourageant. »

随着中国对非投资的不断增加，越来越多的中国企业走入非洲。中国企业如何走进非洲，更好地融入非洲？这个问题时常引起李安山的思考。

Suite à l'accroissement continu des investissements chinois en Afrique, de plus en plus d'entreprises chinoises se sont implantées sur le continent. Comment ces dernières arrivent-elles à s'intégrer sur place ?

"我觉得有两点很重要。第一，要明确你去要干什么？第二呢，就是说人家的文化，人家的法律，人家的生活习俗，即使不能十分清楚掌握，但是要基本了解，这样的话，能够避免不必要的文化冲突，也是融入当地、在当地长期发展的重要条件。"

« Je pense qu'il y a deux points importants. Premièrement, il faut établir clairement ses objectifs. Deuxièmement, même si l'on ne comprend pas tout, il faut connaître un minimum la culture, la loi et les coutumes locales. Éviter le choc culturel est une condition importante pour s'intégrer à long terme sur place. »

非洲有句谚语叫做“独行快，众行远”。

Un proverbe africain dit que seul, on avance plus vite, mais qu'ensemble on va plus loin.

“要走得快，一个人走，要走得远，大伙儿一起走。我觉得这个反映了非洲一种生活哲学，也是人生哲学很重要的一个观点吧。”

« Pour aller vite, il faut partir seul. Pour aller loin, il faut partir ensemble. Je pense que cela reflète la philosophie de la vie en Afrique, mais aussi la philosophie de la vie des hommes de manière générale. »

21

李风亭："水的使者"

Li Fengting: Un combat pour une eau plus propre en Afrique

同济大学环境科学与工程学院副院长

Vice-doyen de l'Institut des Sciences Environnementales et d'Ingénierie, Université de Tongji

李风亭，同济大学环境科学与工程学院教授。2004 年受联合国环境署的邀请，李风亭第一次踏上了非洲的土地。此后的十几年，为了让更多的非洲百姓能够喝上干净的水，他先后 50 多次来到非洲，足迹遍布肯尼亚、埃塞俄比亚、埃及、摩洛哥、利比亚等国。

Li Fengting est professeur de l'Institut des sciences environnementales et d'ingénierie de l'Université Tongji de Shanghai. En 2004, invité par le Programme des Nations Unies pour l'environnement, il se rendit pour la première fois en Afrique. Afin de permettre au peuple africain d'avoir accès à une eau propre de qualité, Li Fengting effectua au cours des dix dernières années plus d'une cinquantaine de voyages à travers tout le continent, du Kenya au Maroc, en passant notamment par l'Éthiopie, l'Égypte et la Libye.

“整个非洲平均的供水率大概在 50% 到 60% 之间。污水处理的比例、效率可能会更低一些。基础设施不足可能是（非洲面临的）最大的一个挑战。”

« Le taux d'approvisionnement moyen est d'environ 50% à 60% pour tout le continent. Le rendement ainsi que la proportion du traitement des eaux usées sont nettement inférieurs. Le manque d’infrastructures est sans doute le plus grand défi auquel l’Afrique fait face. »

在中国科技部的支持下，李风亭先后负责了包括水资源管理、干旱农业、雨水收集、水处理技术等多个项目，主要分布在北非和东非地区。截至目前，最成功的案例是内罗毕自来水水质改善项目。

Fort du soutien du Ministère chinois des Sciences et Technologies, Li Fengting a pu mener à bien un certain nombre de projets principalement en Afrique du Nord et de l'Est, dans des domaines aussi variés que la gestion des ressources en eau, l'agriculture dans les zones arides, la collecte des eaux de pluie mais également dans les nouvelles technologies de traitement de l'eau. Jusqu’à présent, le projet d'amélioration de la qualité de l'eau à Nairobi est sa plus belle réalisation.

“这个水厂每天处理的水量有 45 万吨，是东非地区最大的一个饮用水水厂。但是在雨季的时候呢，它采用常规的水处理化学品或者净水剂处理的效果不好。当你打开水龙头的时候，水总是黄的，很浑浊。5 年前我们开始和他们合作，采用我们的技术，水质有了明显的改善，可以达到世界卫生组织的标准。”

« Cette usine peut traiter quotidiennement 450 mille tonnes d’eau, il s’agit de la plus grande usine d’eau potable de toute l’Afrique de l’Est. Cependant, pendant la saison des pluies, les produits chimiques qui y sont utilisés comme agents de purification de l'eau conventionnelle produisent un effet limité. Ainsi, lorsque vous ouvrez le robinet, l'eau est jaunâtre et trouble. Cela fait maintenant cinq ans qu’ils utilisent notre technologie, la qualité de l’eau s’est nettement améliorée, et répond dès lors aux normes fixées par l'Organisation mondiale de la Santé. »

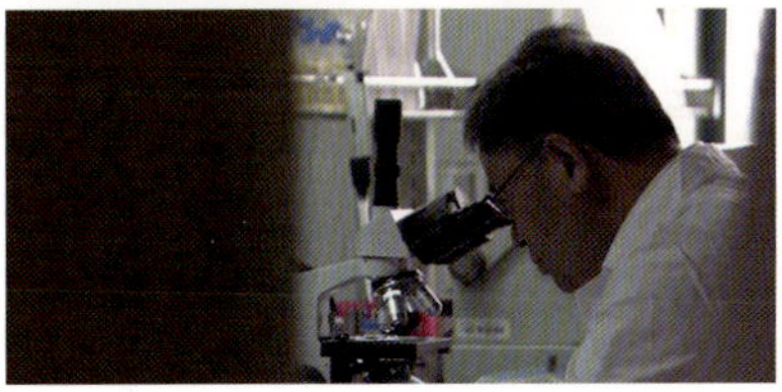

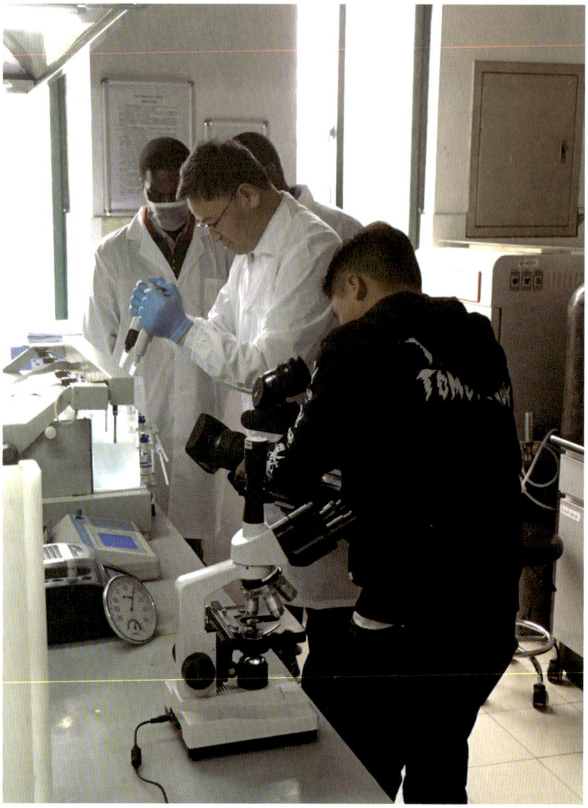

非洲的工作常常与危险为伴。有时去野外考察水厂，由于路况差，车辆在公路上爆胎的情况时有发生，而大型猫科动物的出没又让人胆战心惊。有时恶劣的卫生条件甚至会危及生命。

Le danger n'est jamais très loin lorsqu'on travaille en Afrique. Lors de certaines inspections effectuées à l'extérieur, il est fréquent que le véhicule s'arrête en pleine route après une crevaison, et de tomber nez à nez avec de gros félins effrayants. Et parfois, les mauvaises conditions d'hygiène peuvent directement mettre la vie d'une personne en péril.

"我遇到的最危急的一次可能是在摩洛哥。那一年是在那儿开会，开完会以后从卡萨布兰卡转机回国，腿被（蚊虫）叮咬了。上飞机以后空姐发现我豆大的汗滴一直往下流，脸色非常难看，她说我建议你下飞机，让医生帮你看一下。（下飞机后）我大概等了一刻钟，医生没有来，我就在机场外边的台阶上大概躺了 4 小时，当时我非常非常绝望。"

« J'ai vécu le moment le plus critique au Maroc. Alors que j'effectuais une escale à Casablanca pour rentrer en Chine, j'ai été mordu à la jambe. Une fois à bord de l'avion, une hôtesse de l'air s'est aperçue que d'énormes gouttes de sueur ruisselaient sur mon visage pâle. Elle m'a alors conseillé de descendre de l'appareil pour voir un médecin. Je suis donc descendu et j'ai attendu presque un quart d'heure sans qu'un médecin ne me prenne en charge. Je suis alors resté allongé pendant environ quatre heures sur les escaliers situés à l'extérieur de l'aéroport, j'étais très, très désespéré. »

回国以后，由于腿部感染，李风亭无法走动，经过 3 个月的治疗才得以好转。尽管在非洲的工作充满艰辛，但李风亭却从未退缩。2013 年，联合国为表彰李风亭在南南水环境合作方面做出的特殊贡献，授予他"联合国南南合作特别贡献奖"。

À son retour en Chine, Li Fengting ne pouvait plus marcher en raison de l'infection à sa jambe. Trois mois de traitement ont été nécessaires pour voir son état s'améliorer. Mais il en fallait plus pour voir Li Fengting renoncer à sa mission. En 2013, il a reçu le Prix des Nations Unies pour sa contribution spéciale à la « Coopération Sud-Sud en matière d'environnement et de traitement de l'eau ».

"实际上在过去的 10 年里，科技部支持的'非洲水行动'这个团队在非洲 16 个国家做了大量的工作，我只不过是一个专家组的组长，这个奖项应该是颁给我们整个团队的，表扬我们整个团队在非洲国家为应对气候变化、保护水资源方面做出的贡献。"

« En réalité au cours des dix dernières années, le groupe soutenu par le Ministère chinois des Sciences et des Technologies a fait beaucoup dans 16 pays africains. Je tiens à rappeler que je suis juste à la tête d'un groupe d'experts, ce prix devrait être décerné à toute notre équipe, en guise de reconnaissance pour sa contribution à la lutte contre le changement climatique et à la protection des ressources en eau à travers tout le continent africain. »

李风亭希望将中国的水处理技术推广出去，应用到非洲更多的地方，让更多的非洲人可以喝上干净的饮用水，他将不遗余力地为建设这片美丽的大陆贡献出自己的力量。

Afin de rendre l'eau potable accessible à plus d'Africains, Li Fengting entend généraliser la technologie chinoise du traitement de l'eau dans davantage de pays africains. Une chose est sûre, il ne ménagera aucun effort pour participer à la construction d'un avenir prometteur pour tout le continent africain.

22

李若谷：为非洲人民圆世纪梦想

Li Ruogu:

Accompagner l'Afrique vers son rêve centenaire

原中国进出口银行董事长兼行长

Ancien Président, Banque d'import-export de Chine

布维水电站，是加纳人的百年梦想，也是加纳人的百年难题。从20世纪20年代启动以来，前苏联、澳大利亚、法国都曾经介入，却都无疾而终。就在一切停滞不前的时候，时任中国进出口银行董事长李若谷给出的方案为项目带来了转机。

La centrale hydroélectrique Bui est le rêve centenaire du Ghana, mais également une source de préoccupation tout aussi ancienne. Démarré dans les années 1920, l'ex-URSS, l'Australie et la France ont toutes participé au projet sans succès. Et alors que tout semblait perdu, les propositions de Li Ruogu, à l'époque, directeur de la Banque d'import-export de Chine, ont permis de relancer la machine.

"当时中国的优惠贷款有限。加纳没有什么资源可以供他们担保、抵押之类的，财政状况也很不好。最后我们想到了一个办法，就是加纳是可可豆的主要生产国。我们用以可可豆作为一种质押品的办法，帮助加纳修了这个百年梦想的'布维水电站'。"

« À l'époque, les prêts préférentiels chinois étaient limités. Le Ghana n'avait pas de ressources pouvant servir de garantie ou de caution. Sa situation financière n'était pas favorable. Nous avons donc trouvé une solution en rapport avec le fait que le pays soit un important producteur de cacao. Nous avons fait en sorte que le cacao serve de garantie au Ghana pour lui permettre de réaliser son projet de centrale hydroélectrique. »

按照西方国家的普遍观点，绝大多数非洲国家还贷能力弱，属于不可贷款的国家。李若谷却常常另辟蹊径，通过创新多元的金融手段，找到适应非洲各国国情的贷款模式。过去 10 年里，进出口银行向非洲 40 多个国家提供了 4000 多亿人民币贷款，解决了 100 多万人的就业。其中一个至今为人津津乐道的经典案例是：埃塞俄比亚通过对华出口芝麻，获得了 5 亿美元贷款。

Selon les critères occidentaux, de nombreux pays africains ont une solvabilité faible, ils ne peuvent donc pas emprunter. Li Ruogu a donc trouvé une méthode innovante de financement adaptée à chaque pays africain. Au cours des 10 années passées, la Banque d'import-export de Chine a prêté plus de 400 milliards de RMB à une quarantaine de pays africains, ce qui a permis de créer plus d'un million d'emplois. L'Éthiopie a par exemple obtenu un prêt de 500 millions de dollars grâce à ses exportations de graines de sésame vers la Chine.

"这 5 亿美元做了 16 个项目。这 16 个项目完工之后，整个埃塞俄比亚的情况发生了很大的变化。现在的评级已经达到 B+、B，变成投资级了。"

« Ces 500 millions de dollars ont servi à 16 projets qui, une fois achevés, ont apporté de grands changements en Éthiopie. L'indice de confiance du pays a été élevé au niveau B, voire B+ selon les agences de notation, ce qui favorise l'investissement. »

作为当代中国最有国际影响力的金融家之一，李若谷认为，向非洲国家提供中国的发展经验和向它们提供经济支持一样重要。每当有非洲的朋友来中国取经，他都会毫无保留地分享他的研究成果，并安排他们到中国的城市和农村看一看。

Li Ruogu fait partie des experts financiers chinois ayant le plus d'influence à l'international. Il pense qu'apporter de l'expérience ainsi qu'un soutien financier aux pays africains sont aussi importants l'un que l'autre. À chaque fois que ses amis africains se rendent en Chine pour acquérir de l'expérience, il partage sans réserve ses résultats de recherches avec eux et les invite à visiter des villes et des villages.

“中国的发展也是不平衡的，发展的过程也需要不断努力奋斗。几个（非洲）部长在陕西参观贫困农村的时候问贫困村民：‘你们最需要政府的什么帮助？’村民回答得很好：‘我们并不需要很多帮助，我们要靠自己把家园建设得更加美好。’他们‘不等、不靠、不要’，这个给了非洲的部长留下很深的印象。”

« Le développement de la Chine n'est pas équilibré non plus. Le processus de développement fait toujours face à des défis. Un jour, des ministres africains qui étaient en visite dans un village pauvre du Shanxi ont demandé à la population quelle était l'aide qu'elle attendait le plus de la part du gouvernement. Ils lui ont répondu qu'ils n'avaient pas besoin de beaucoup de choses, qu'ils comptaient sur leurs propres efforts pour se construire une meilleure vie. Ne pas attendre, ne pas dépendre d'autrui, ni réclamer. Cela a fait une vive impression aux ministres africains. »

为了帮助非洲国家争取更多的经济支持，李若谷多次在国际会议上反驳某些国际机构和媒体炒作的所谓发展中国家“债务不可持续”的观点。实际上，问题不在于是否有债务，而在于借款是否用在了正确的项目上。在中国几所知名大学的课堂上，李若谷经常把这样的观念传递给他的学生们：非洲需要发展，发展离不开全世界的共同努力。

Afin d'aider les pays africains à obtenir davantage de soutien économique, à maintes reprises Li Ruogu a dénoncé lors de conférences internationales une idée trop souvent véhiculée. Selon cette idée, les pays en développement ne doivent pas s'appuyer sur l'emprunt. En effet, le problème n'est pas l'emprunt mais le choix du projet. Lorsqu'il donne cours à ses étudiants d'universités chinoises, il tente souvent de leur transmettre l'idée suivante : l'Afrique a besoin de se développer, et le développement requiert un effort commun au niveau mondial.

“非洲面积 3000 多万平方千米，是中国的 3 倍，人口 10 亿多，因此非洲是个非常有希望的大陆。非常希望我在各所学校的学生能够致力于发展的事业。没有非洲的发展，没有亚洲的发展，世界不能说是发展的。”

« L'Afrique s'étend sur plus de 30 millions de kilomètres carrés, une surface 3 fois plus grande que celle de la Chine. Sa population dépasse le milliard. Par conséquent, l'Afrique est une terre pleine de promesses. J'espère que mes étudiants pourront dévouer leur carrière au développement. Sans le développement de l'Afrique et de l'Asie, on ne peut pas dire que le monde soit développé. »

23

Lì Xìnzhù:

李新铸：南非侨界领袖

Dirigeant de la communauté chinoise en Afrique du Sud

全非洲中国和平统一促进会会长

Président, Association africaine pour la promotion de la réunification pacifique de la Chine

在南非20多万华侨华人当中，提起李新铸的名字，几乎无人不晓。1962年出生于福建省连江县琯头镇，为了一个“让母亲不再受苦受穷”的纯朴愿望，20岁不到的李新铸就开始做起了生意。在南非的20多年里，他凭着“爱拼才会赢”的精神，闯出了一片广阔天地。

20世纪90年代初，一个北京朋友告诉他南非是个好地方。南非相距中国1万多千米，是一个地处南半球的矿产大国。踏上这片美丽又陌生的土地，初到异乡的李新铸要面对很多现实的困难。

Parmi les 200 mille membres de la communauté chinoise d'Afrique du Sud, très peu n'ont jamais entendu parler de Li Xinzhu. Né en 1962 dans le village de Guantou du district de Lianjiang, dans la province du Fujian. Alors qu'il n'avait pas encore 20 ans, il s'est lancé dans les affaires avec le simple espoir d'offrir une vie meilleure à sa pauvre mère. Au cours d'une vingtaine d'années passées en Afrique du Sud, il s'est ouvert la voie de la prospérité à force de ténacité.

Au début des années 90, un ami originaire de Beijing lui a suggéré de se rendre en Afrique du Sud. Situé à plus de 10 mille kilomètres de la Chine, ce pays de l'hémisphère sud est richement pourvu en ressources minières. À son arrivée sur cette terre tout aussi sublime qu'étrangère, Li Xinzhu a dû composer avec la dure réalité.

"当时这里大陆的华侨很少，1万人都不到。大部分人都是打工，像我们福建乡亲，有一部分，先给台胞摆地摊，赚到钱后，自己去他那里拿货，用手推车推出来再去摆摊。"

« À l'époque, il y avait très peu de nos compatriotes venant du continant chinois ici, nous étions à peine 10 mille. La plupart étaient des travailleurs, notamment des personnes du Fujian qui faisaient les vendeurs de rue pour des Taïwanais, mais après avoir gagné un petit pécule, ils se lançaient eux-mêmes dans les affaires. Ils allaient chercher eux-mêmes les marchandises qu'ils amenaient avec leurs chariots, avant de les vendre dans la rue. »

善于抓住商机的李新铸，渐渐在南非打开了局面。现在他公司的业务涉及鞋业、矿产品、文化传媒等各领域。在他看来，取得成功的诀窍就是要把眼光放长远，切切实实把南非当成自己长期发展的沃土。

Doué pour saisir les opportunités d'affaires, Li Xinzhu s'est progressivement frayé un chemin en Afrique du Sud. Son entreprise regroupe désormais des activités allant du commerce de la chaussure, aux produits miniers et même jusqu'à la culture et les médias. Selon lui, le secret de la réussite consiste à nourrir une ambition sur le long terme, en considérant vraiment l'Afrique du Sud comme une terre propice au développement.

"我们中国的企业走出来，一定要本土化。本土化后，为当地的就业做贡献，让当地人觉得你在这里帮助他们，你不是来这里赚了钱就走了。"

« Les entreprises chinoises qui s'établissent à l'étranger doivent impérativement s'adapter aux conditions locales. Après ce processus d'adaptation, il faut montrer que vous œuvrez également pour la population locale, que vous faites en sorte de leur offrir du travail. Il ne faut pas donner l'image d'une entreprise prête à quitter le pays après avoir gagné de l'argent. »

李新铸在经商之余，也很热心于公益事业。2002年，李新铸和几位华侨一起，在南非创立了全非洲中国和平统一促进会。2003年，为了帮助在南非的华人华侨应对治安问题，在中国驻南非使馆的建议下，李新铸促成了南非华人警民合作中心成立。有一次，一对福清夫妇遭劫，中弹受伤，李新铸第一时间赶到现场，两天内就为身无分文的受害者筹措了14万元住院费，使他们得以及时住院抢救，死里逃生。

Li Xinzhu a toujours pris soin de consacrer une partie de son temps à l'intérêt public. En 2002, il fonda en compagnie de quelques membres de la communauté chinoise d'Afrique du Sud l'Association africaine pour la promotion de la réunification pacifique de la Chine. En 2003, afin d'aider la communauté chinoise à faire face aux problèmes de sécurité dans le pays, et à la suggestion de l'ambassade de Chine, ils mirent sur pied un centre de coopération de police communautaire en Afrique du Sud. Une fois, un couple originaire de Fuqing a été pillé et a été blessé par balles. Li Xinzhu s'est rendu sur place immédiatement et en 2 jours, il a réussi à réunir 140 mille yuans pour les dépenses d'hospitalisation du couple, ce qui a permis à ces deux personnes d'être sauvées à temps.

“我接任和统会以后呢，将和统会与警民中心进行了分工，各司其职，相辅相成。警民中心主要为我们华人华侨保驾护航，做一点实实在在的事。我们和统会，作为与高层和主流社会的沟通渠道，让他们了解，我们台湾是中国永远不能分割的一个领土。”

« Après avoir pris mes fonctions à l’Association, nous nous sommes partagé les tâches avec le centre. Ce dernier a pour principale mission d’escorter les membres de la communauté dans le pays, d’être au contact du terrain. L’Association, quant à elle, doit assumer un rôle de liaison avec les hautes sphères de la société, et notamment pour leur rappeler que Taïwan est inséparable du territoire chinois. »

对祖国和自己的第二故乡——南非，李新铸都抱着一份赤子之情。他常说，做人要懂得感恩、回馈社会。

Li Xinzhu partage aujourd’hui un sentiment sincère à la fois envers sa mère patrie et sa terre d’adoption. Il répète sans cesse que chacun doit être reconnaissant en contribuant en retour à la société.

“人家看到我们中国人的善意、中国人的爱心，当地人就觉得我们中国人很好。应该以这种方式慢慢融入主流。”

« Lorsque les gens constatent la bonne volonté et l’attachement du peuple chinois, ils nous apprécient en conséquence. Nous devons donc utiliser cette méthode afin de nous intégrer progressivement au sein de la société. »

24 Li Yayuan:

李雅媛：中非舞蹈交流大使

Ambassadrice de la danse africaine

中国东方歌舞团一级编导、非洲舞蹈研究专家

Chorégraphe de haut rang de la Troupe chinoise de chanter et de danser Orient

李雅媛正在为来访的非洲舞蹈演员培训。如今，中国赴非文艺演出和非洲来华的歌舞节目，都要经过她的把关。李雅媛，中国东方歌舞团一级编导、非洲舞蹈研究专家，50多年来她与非洲舞蹈结缘，多次赴非洲学习和教授非洲舞蹈，而这一切都源于当初周恩来总理的一句嘱托。

Li Yayuan est en pleine séance de formation des danseurs et artistes africains en visite en Chine. C'est elle qui est maintenant en charge de la supervision de la qualité de tous les spectacles de danses et des performances artistiques africaines se produisant en Chine ainsi que ceux joués par les Chinois en Afrique. Li Yayuan, chorégraphe de haut rang de la Troupe chinoise de chanter et de danser Orient, mais également experte reconnue dans l'étude des danses africaines depuis près d'une cinquantaine d'années, doit son destin particulier à une phrase que lui aurait confiée le Premier ministre Zhou Enlai.

"1969年10月19日,(我们)接待坦桑尼亚杂技文艺团,总理上台接见演员,问我，'非洲舞忘了么?' 我说 '没忘。' 总理说，'东方歌舞团有光荣传统,你们的成绩很大,要保持光荣称号。' 到现在我还记得总理的眼神。"

« Le 19 octobre 1969, le Premier ministre Zhou Enlai est monté sur scène pour aller à la rencontre des artistes de la troupe d'acrobates de Tanzanie. Il me demanda, "Vous maîtrisez toujours les danses africaines, n'est-ce pas?", et j'ai répondu "Oui, bien sûr." Le Premier ministre déclara alors que notre troupe riche d'une glorieuse tradition et d'un grand succès, se devait de maintenir son titre honorifique. Jusqu'à présent, je me souviens encore du regard du Premier ministre lorsqu'il a prononcé cette phrase... »

李雅媛在心中向总理许下了学好非洲舞的诺言。为了真正学好非洲舞，她从此走进非洲，先后赴毛里求斯、留尼汪岛、塞内加尔，一边教授中国舞，一边学习非洲当地舞，还从零开始学习了法语。回国后，她创作了一系列非洲舞蹈节目，深受中国观众欢迎。从事舞蹈行业 50 多年，非洲舞蹈就像一块磁石深深吸引着她。

À partir de cet instant, Li Yayuan s'engagea à honorer la promesse faite au Premier ministre de maîtriser les danses africaines. Afin de parfaire son apprentissage, elle parcourut le continent de l'île Maurice au Sénégal en passant par l'île de la Réunion, en apprenant toutes les danses locales tout en continuant d'enseigner la danse chinoise. Elle a même dû se mettre au français. De retour en Chine, elle créa une série de programmes consacrés aux danses africaines très appréciée par le public chinois. Cette artiste plongée au cœur du monde de la danse depuis une cinquantaine d'années, a été littéralement attirée comme un aimant par l'univers des danses africaines.

"非洲舞像他们生活中的盐一样重要。我认为非洲舞是人类艺术的源头，根。非洲舞蹈热情、奔放、节奏鲜明、坚强有力，感染人。"

« Les danses africaines sont aussi indispensables à leur vie que ne l'est le sel. Les danses africaines sont en quelque sorte la source de l'art primitif de l'humanité. Leur enthousiasme débordant et leurs rythmes distingués empreints de puissance dévoilent tout leur charme artistique. »

在游历了东非、西非之后，李雅媛觉得遗憾的是还不了解阿拉伯国家的舞蹈，于是 1997 年她前往突尼斯开始学习阿拉伯舞蹈。这一年里，虽然学习和生活条件艰苦，她却收获了新的舞蹈知识、文化知识和当地人的友谊。生病的时候，当地人给她送来草药；过生日的时候，当地人给她买蛋糕、唱歌跳舞为她庆生。

Après avoir parcouru les pays d'Afrique de l'Est et de l'Ouest, Li Yayuan avait à cœur d'apprendre les danses des pays arabes. Ainsi, en 1997, elle se rendit en Tunisie pendant un an afin d'y apprendre la danse arabe. Malgré des conditions difficiles, elle a pu y acquérir des connaissances nouvelles sur le plan artistique et culturel, tout en tissant des liens d'amitié avec la population locale. Ainsi, quand elle tombait malade, ses amis lui apportaient volontiers des plantes médicinales, ou lui offraient encore des gâteaux pour son anniversaire.

"有演出的时候他们就叫我去，看演出他们把头巾系在我腰上，跟大家一块跳，全体都喊 'Li, Li, Li, one, two, Li, Li, Li...' 好几百人一块跳舞那个场面，我就融入了他们的大家庭。那时我觉得什么烦恼都没了，什么苦难也没了，他们非常爱我。"

« Ils m'appelaient souvent pour assister à leurs représentations, et à chaque fois ils nouaient un foulard à ma taille, et je dansais au milieu de la foule qui criait "Li, Li, Li, one, two, Li, Li, Li..." J'avais alors la sensation de faire partie d'une grande famille. À cet instant j'oubliais tous mes soucis et je mettais de côté les difficultés, car je sentais qu'ils m'aimaient énormément. »

Après avoir parcouru le continent et découvert ses différentes cultures, Li Yayuan a su saisir l'âme et l'esprit africains pour réaliser ses chorégraphies. Un jour, lors d'un spectacle de danse donné en présence du président de la Tanzanie, ce dernier pensait encore que les artistes sur scène venaient de son pays jusqu'à ce qu'il découvre stupéfait les visages démaquillés des danseurs chinois. Li Yayuan rappelle que l'Afrique lui a apporté beaucoup dans sa vie. C'est notamment grâce à elle que le caractère de la douce danseuse chinoise s'est renforcé, influençant par là même sa vision de la vie et ses valeurs morales tournées désormais vers un esprit d'ouverture et de partage. Elle a complètement modifié l'attitude sur sa propre existence ainsi que sur sa vocation. En somme, l'Afrique a tout simplement bouleversé son destin.

深入非洲各地，了解不同文化，让李雅媛的编舞抓住了非洲舞的魂和神韵。有一次为坦桑尼亚总统表演非洲舞，总统误以为台上的中国舞蹈演员是他本国人，直到抹去身上脸上的深色颜料才赞叹不已。李雅媛认为非洲带给自己的收获还有更多：性格从柔弱变坚强，人生观、价值观从此豁达，如何看待生与死，如何看待事业，非洲给她带来太多思考和启发。

25

李肇星：“黑色是美丽的”

Li Zhaoxing:

"Le noir est la beauté"

中国外交部前部长

Ancien ministre chinois des Affaires étrangères

他是新中国第九任外交部部长。外交舞台上纵横捭阖，记者会上妙语连珠，让他享有“铁嘴钢牙”的美誉。而他却说，和媒体打交道的基本功，是在非洲锻炼出来的。

Il est le neuvième ministre des Affaires étrangères de la Chine nouvelle. Débatteur sur la scène diplomatique, orateur éloquent en conférence de presse, il est réputé pour sa répartie. C'est en Afrique qu'il a acquis ce savoir-faire face à la presse.

“第一次去非洲，1970 年。我当时也负责做新闻工作，但是我不是官，不是新闻官。新闻官至少是三秘二秘，当时我连随员都不是，就管新闻工作。”

« En 1970, je suis allé en Afrique pour la première fois. À l’époque, je m’occupais de la presse mais je n’étais pas responsable de ce département. Les chargés de communication devaient au moins être des secrétaires de deuxième ou troisième catégorie. Moi, je n’étais même pas attaché diplomatique, mais je m’occupais déjà de la presse. »

李肇星还有一个雅号——“诗人外长”。很少有人知道，他那首著名的《青春中国》，是在非洲写下的。

Li Zhaoxing a pour surnom le « ministre poète ». Peu de gens savent que c’est en Afrique qu’il a écrit son fameux poème intitulé La Chine dans la jeunesse.

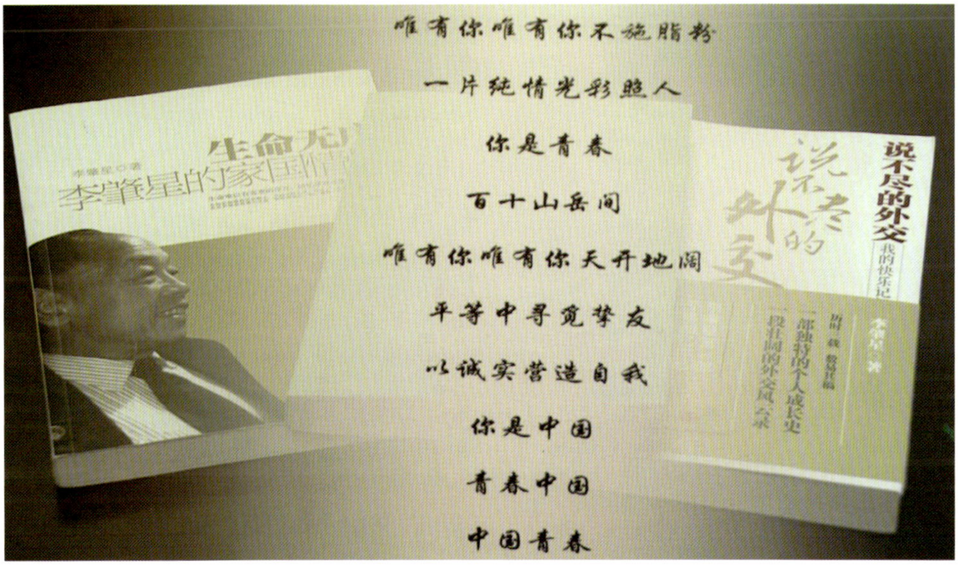

“当时我去参观非洲最著名的风景区——纳库鲁湖，看到非洲朋友有那么美好的地方，有感而发，我写了一首歌颂自己祖国的诗歌《青春中国》：百十山岳间，唯有你天开地阔，以诚实营造自我，以平等结交伙伴。”

« Je suis allé visiter le lac Nakuru, un des plus célèbres sites touristiques d’Afrique. En contemplant ce magnifique paysage de nos amis africains, j’ai écrit ce poème intitulé La Chine dans la jeunesse pour chanter ma patrie : *Parmi les nombreuses montagnes, tu es celle qui s’étend à l’infini. Tu te forges dans l’honnêteté et traites tes amis comme tes égaux !* »

对于李肇星来说，这种“天涯有故乡”的感觉，来自非洲大陆摄人心魄的自然之美，更缘自当地善良淳朴的非洲朋友。

Pour Li Zhaoxing, ce sentiment d'« avoir un deuxième foyer à l'autre bout du monde » est dû à la beauté saisissante du continent africain et en particulier aux Africains, bienveillants et honnêtes.

“我在广东军垦农场锻炼的时候，长了满脸汗斑，就这样满脸斑去了非洲。有一次到一个商店买东西，一个年轻的售货员说：‘你这个中国朋友怎么回事？脸上长了那么多斑点。我送给你木瓜，你用还没有完全成熟的木瓜汁，涂几次就好了，后来就是在非洲朋友的帮助下，用了一两次木瓜就好了。”

« Quand je travaillais à la campagne dans le Guangdong, j'avais partout sur le visage des taches dues au pityriasis versicolor (une maladie de peau). Sans avoir soigné ma maladie, j'ai été envoyé en Afrique. Un jour, je suis allé faire les courses dans une boutique africaine. Un vendeur m'a demandé : « qu'est-ce qui vous est arrivé ? C'est quoi ces taches sur le visage ? Je vous donne une papaye. Vous pouvez essayer le jus de papaye verte. Les taches disparaîtront après quelques applications. » Ainsi, avec l'aide de l'ami africain, j'ai été guéri grâce au jus de papaye. »

非洲人民的情谊令李肇星终身难忘。担任外交部部长期间，他去得最多的是非洲国家，并且努力创造机会让中国的老百姓了解非洲。在他发起的“外交部开放日”的活动中，他特别安排了非洲舞蹈表演的环节。

L'amitié des Africains est quelque chose d'inoubliable pour Li Zhaoxing. Durant son mandat de ministre des Affaires étrangères, c'est dans les pays africains qu'il s'est le plus fréquemment rendu. Il a également oeuvré avec ardeur pour que les Chinois puissent mieux connaître l'Afrique. Lors de la « Journée portes ouvertes du ministère des Affaires étrangères » dont il était l'initiateur, il a notamment fait représenter une danse africaine.

“非洲人民有独特的文化，这是我向肯尼亚的老总统开国元勋肯雅塔学的。他有次讲话说：‘我们新生的肯尼亚年轻人要注意，要知道有民族文化自尊。’他号召非洲青年要爱祖国，包括爱自己皮肤的颜色，他最后的口号是：‘黑色是美丽的！Black is beautiful!’我永远难忘。”

« Le peuple africain a sa propre culture. Je l'ai appris auprès de l'ancien président Kenyatta, le fondateur du Kenya. Dans un discours, il a déclaré que les jeunes Kenyans devaient être fiers de la culture nationale. Il a appelé les jeunes Africains à aimer leur pays et leur couleur de peau. Enfin, il a lancé un slogan qui disait « le noir est la beauté ». Black is beauty. C'est inoubliable pour moi. »

退休后，李肇星一直活跃在公共外交领域。只要有机会，他就会和人们分享他的非洲故事。

Depuis sa retraite, Li Zhaoxing reste actif dans le domaine de la diplomatie publique. Il partage ses histoires en Afrique avec les autres dès qu'il en a l'occasion.

"我们说中非两方相互帮助、携手并进，这不是客套话，不是外交辞令，是真的。是因为我们中国人民是诚恳的，非洲人民是诚恳的。非洲 54 个国家我到现在已经去了 51 个。我希望在有生之年能够去到全部非洲。"

« Quand on dit que la Chine et l'Afrique s'entraident et se tiennent par la main, ce ne sont pas que de belles paroles, ni des mots diplomatiques, c'est la réalité. Parce que le peuple chinois est sincère, et le peuple africain l'est aussi. Parmi les 54 pays d'Afrique, j'en ai déjà visité 51. J'espère pouvoir visiter les 54 pays tant que j'en suis encore capable. »

26

梁子：深入非洲十年的女摄影师

Liang Zi:

Photographe indépendante plongée au cœur de l'Afrique

独立摄影师

Photographe indépendante

16 年前，北京摄影师梁子毅然辞职，独自前往非洲，只为圆一个儿时的梦想。从莱索托到塞拉利昂，从喀麦隆到布隆迪，从刚果（金）到南苏丹，10 年间 8 次赴非，她深入各个村落，与村民同住同食。她镜头下的主角并不是非洲辽阔粗犷的自然风光，而是乐观坚强的非洲女性。

Il y a 16 ans, Liang Zi, photographe pékinoise, a quitté son emploi pour se rendre en Afrique et réaliser son rêve d'enfance. Du Lesotho à la Sierra Leone, du Cameroun à la République Démocratique du Congo, en passant par le Burundi et le Soudan du Sud, en l'espace d'une dizaine d'années lors de ses huit séjours en Afrique, elle a eu le privilège de s'immerger au cœur des villages pour vivre au contact des différentes tribus du continent. Ce ne sont pas les vastes paysages naturels et sauvages qui intéressent la photographe, mais bien ces femmes africaines au tempérament fort et optimiste.

"非洲女人最阳光,最开朗,富有朝气。不管什么事情都难不倒她们。连唱带跳,特别是劳动中的女人,让人感觉有充足的能量。你去捏一下任何一个非洲女人身上的肉都是硬硬的。"

« Les femmes africaines sont les plus joyeuses, elles sont pleines de vitalité. Rien ne semble pouvoir les abattre. Leurs chants accompagnés de sauts, en particulier pendant qu'elles travaillent, transmettent une énergie puissante. Si vous pincez une femme africaine vous remarquerez que sa peau est ferme. »

梁子在每个村子都住上几个月。为了安全考虑,她想方设法住在酋长家、省长家或者可以保护她的村民家。可即便如此,意料之外的危险仍偶有发生。

Liang Zi restait dans chaque village pendant plusieurs mois. Pour des raisons de sécurité, elle vivait chez le chef du village, le gouverneur de la province ou bien simplement chez une famille capable de la protéger. Et malgré cela, des risques inattendus pouvaient occasionnellement se produire.

"酋长家管牲口的帅哥Cibo经常暗地里保护我。有一天碰到一个外村酒鬼，他直勾勾地看着我，砰得站起来，两眼通红而且很凶。就在这千钧一发之际，帅哥从我后面突然出现，一鞭子甩过来打在那人身上，真的像白马王子似的。这件事已经发生15年了，可是那人的狼狈相和他（Cibo）的帅劲，我永远忘不了。"

« Cibo, le ravissant chef du bétail, me protégeait secrètement. Un jour, j'ai croisé sur la route un ivrogne du village voisin, il ne me connaissait pas et pourtant il n'a pas arrêté de me fixer tout en se mettant sur mon passage. Alors que je m'approchais de lui, il est resté immobile et ses deux yeux rouges et féroces ne m'ont pas lâché du regard. Et c'est à ce moment critique que le ravissant Cibo est apparu, tel un prince charmant campé sur son destrier blanc, il l'a fait fuir à l'aide de son fouet. Cela s'est passé il y a 15 ans déjà, mais cette scène restera à jamais gravée dans ma mémoire. »

梁子给村民们拍照并非总是一帆风顺。在厄立特里亚的提奥村，阿法尔人禁止给女人拍照。梁子只好收起相机。谁家有个头疼脑热，她就送去从中国带的药，村民把她当成了神医。一个半月后，他们终于愿意让她拍照。

Liang Zi rappelle que prendre en photo les villageois n'était pas aussi simple qu'on l'aurait pensé. Ainsi, dans le village de Tio en Érythrée, le peuple Afar interdisait de photographier les femmes. Liang Zi a dû ranger pour un certain temps son appareil. Mais à chaque fois qu'un villageois avait de la fièvre, elle se déplaçait pour offrir les médicaments qu'elle avait amenés avec elle de Chine. Les villageois l'ont alors considérée comme une guérisseuse, et un mois et demi après, ils l'ont enfin laissée prendre les photos qu'elle voulait.

"那一个多月没水没电太艰难了，而且还不能拍照。男人不让我拍他们的女人，女人见我全跑，就是那种撒丫子跑。但是这个村给我留下的印象也最深，是因为我苦过来，熬过来之后，到最后我走的时候，她们都哭了。"

« Pendant près d'un mois, j'ai vécu sans eau ni électricité, cela fut très difficile et en plus je n'avais pas le droit de prendre des photos. Les hommes du village m'interdisaient de photographier leurs femmes, et ces dernières fuyaient littéralement lorsqu'elles me voyaient. Cependant, c'est ce village qui m'a le plus marqué car malgré toutes les difficultés rencontrées, au moment de mon départ elles ont toutes pleuré... »

梁子回国后，厄立特里亚驻中国使馆人员反复跟她说，提奥村的人惦记你，都盼望着你再回去。这些村民在梁子去之前从来没有拍过照片。梁子把拍过的每一个村民的照片都洗出来，洗了几百张，托人带回提奥村。10 年的非洲之行，通过照片和文字，梁子记录下非洲村落真实的生活状况，非洲人的风俗特色、喜怒哀乐。在她眼中，那些鲜活的非洲村民都是她的兄弟姐妹。

Après son retour en Chine, le personnel de l'ambassade d'Érythrée en Chine lui a rappelé à plusieurs reprises que les habitants du village Tio attendaient son retour avec impatience. Avant son arrivée, ces villageois n'avaient jamais été pris en photo. Liang Zi a pris le soin de développer chacune des pellicules afin d'offrir en retour des centaines de photos aux villageois. Lors de son périple de dix ans en Afrique, Liang Zi a pu au moyen de la photographie et de l'écriture, consigner les instants de vie de ces innombrables villageois africains, mêlant à la fois authenticité, coutumes et traditions, mais également leurs joies et leurs peines. Ces villageois africains pleins de vie sont tous devenus en quelque sorte ses frères et sœurs.

27

林松添：魅力外交官

Lin Songtian : Un diplomate de charme

外交部非洲司司长

Directeur du département des Affaires africaines du Ministère chinois des Affaires étrangères

林松添 1999 年与非洲结缘，历任中国驻赞比亚使馆参赞、中国驻利比里亚大使、中国驻马拉维大使。2005 年，他担任驻利比里亚大使不久，受该国外交部邀请就中利关系和中非关系发表演讲。听完他的演讲后，利比里亚议员随即联名起草了坚定奉行“一个中国”政策的议案。

C’est en 1999 que le destin de Lin Songtian a croisé pour la première fois celui de l’Afrique. Il a été depuis successivement conseiller à l’ambassade de Chine en Zambie, puis ambassadeur au Libéria et au Malawi. En 2005, peu après sa prise de fonction d’ambassadeur au Libéria, il a été invité par le ministère libérien des Affaires étrangères à donner un discours sur les relations Chine-Libéria et Chine-Afrique. Après avoir entendu son discours, des membres du Parlement libérien ont signé une motion visant à respecter fermement le principe d'une seule Chine.

"29 个党派一致通过了这个决议。在中华人民共和国外交史上第一次由一个主权国家对《一个中国法》进行立法。"

« Les 29 partis ont adopté à l'unanimité la résolution. Il s'agissait de la première fois dans l'histoire des relations diplomatiques de la République populaire de Chine qu'un pays souverain étranger adopte dans sa législation le principe d'"Une seule Chine". »

DIPLOMAT OF THE YEAR–2004

Of the many foreign dignitaries that our Editorial department has interacted with in its line of duty is his Excellency Lin Songtian, Ambassador Extraordinary and Plenipotentiary of the People's Republic of China. Mr. Lin is a diplomat par excellence, and a humanitarian in the true sense of the word. Upon being accredited by his country to Liberia, his primary concern has been how Liberians can best take control of their destiny to ensure that the country achieves economic emancipation, and above all, food security. It is because of this ardent concern, which has been expressed in both words and deeds that our search committee, after perusing achievements of a cross-section of the society who have distinguished themselves during the year, we deemed it appropriate to select Mr. Lin, as AMBASSADOR OF THE YEAR, as is customary of the Liberian media to bestow honor on whom it is due.

Individuals and organization honored by the National Chronicle are deserving individuals, who have outstandingly distinguished themselves through their respective achievements over the year.

Mr. Lin, a sagacious diplomat and statesman, is concerned more about Liberians cultivate the soil and plant abundant food crops to sustain self-sufficiency in food production, a similar concept that the 1.3 billion Chinese population has adopted and made into a reality.

The Chinese envoy expressed serious concern and lamented the fact that Liberia with one of the smallest population in the west African sub-region can not feed itself in spite its fertile and rich soil to produce most edibles including its staple food rice.

Ambassador Lin maintains that this is troubling, and to make the nation self-sufficient in food production, the Chinese embassy near Monrovia is making frantic efforts to encourage Chinese investors to develop interest in Liberia's agricultural sector added that a team of Chinese agricultural experts are expected in the country shortly to carry out soil test to boost food production.

In a chat with our editorial department, he explained that Liberia greatly needs to learn from China, which is an agrarian country, to improve its agricultural technology that has made that country of 1.3 billion people famous for its self-reliance in food production.

From a more than an hour chat, Our DIPLOMAT OF THE YEAR, who seems to be versed with the Liberian way of doing things disclosed that under his astute guidance, the Chinese will shortly be setting up an agricultural demonstration center at the Booker Washington Institute in Margibi County, one of the closest leeward areas

在任期间，林松添积极帮助利比里亚人民战后重建，连续3年被该国媒体界评为年度最佳外交官。离任前，该国全国大酋长授予他“全国名誉大酋长”荣誉称号，瑟利夫总统授予他“非洲人道救赎骑士”大勋章。2007年中国与马拉维建交，林松添就任中国首任驻马拉维大使。在任2年零3个月，其中两件事迄今仍被马拉维人民津津乐道：一是在他的督办下，中国企业仅用1年零8天就高质量地完成了中国援建马拉维新议会大厦的建筑工程；二是在他的帮助下，中国企业在当地投资棉花种植和加工，成为中非农业合作的典范。

Au cours de son mandat, Lin Songtian n'a cessé d'apporter son soutien au peuple libérien pour la reconstruction d'après-guerre. Il a été nommé trois années de suite Diplomate de l'Année par les milieux médiatiques du pays. Peu avant son départ, le chef tribal suprême du Libéria l'a même personnellement élevé au rang de chef tribal suprême honoraire. La présidente Ellen Johnson Sirleaf lui a même décerné la médaille de chevalier d'Afrique sauveur de l'humanité. En 2007, alors que la Chine établissait des relations diplomatiques avec le Malawi, Lin Songtian y a été nommé ambassadeur. Parmi ce qu'il a accompli au cours de ses 2 ans et 3 mois en poste, deux projets ont laissé jusqu'à aujourd'hui un souvenir encore vif dans la mémoire des Malawites. Tout d'abord, c'est sous sa supervision, qu'une entreprise chinoise a achevé la construction du nouveau bâtiment du Parlement malawite en seulement un an et huit jours. Et Lin Songtian a également aidé les entreprises chinoises à investir dans la culture et le traitement du coton, une initiative qui est ensuite devenue un parfait exemple de la collaboration sino-africaine dans le domaine agricole.

“当年投入，当年产出，当年赚钱，当年解决那么多人就业。一年之内赚了 500 万美元利润，解决了 5 万农户的收益问题。”

« Notre méthode consistait à lancer un projet, à obtenir des résultats et à gagner de l’argent la même année afin de créer un maximum d’emplois en un temps limité. Nous avons réalisé un profit de 5 millions de dollars en une seule année, et permis à près de 50 mille familles paysannes de gagner de l'argent. »

2014 年林松添任外交部非洲司司长、中非合作论坛中方后续行动委员会秘书长，为促进中国与非洲各领域合作发挥了更为重要的作用。2015 年他积极参与筹办了中非合作论坛南非约翰内斯堡峰会。这是在非洲举办的首届中非峰会。在峰会上，中国国家主席习近平决定将中非关系提升为全面战略合作伙伴关系，宣布中方愿在未来 3 年与非方共同重点实施“十大合作计划”，并为此提供 600 亿美元资金支持。峰会后林松添提出创造性的建议，从具备条件的非洲国家中选出 4 国：埃塞俄比亚、肯尼亚、坦桑尼亚、刚果（布）作为中非产能合作先行先试示范国。林松添对于如何帮助非洲国家实现这一创想，有着美好的愿景。

Depuis 2014, il est devenu directeur du Département des Affaires africaines relevant du Ministère chinois des Affaires étrangères et secrétaire général du comité de suivi du Forum de coopération Chine-Afrique, afin de jouer un rôle toujours plus important dans la promotion de la coopération sino-africaine dans tous les domaines. En 2015, il a initié et participé à l'organisation du sommet du Forum de coopération Chine-Afrique à Johannesburg en Afrique du Sud, le premier du genre en Afrique. Lors de ce forum, le président chinois Xi Jinping a décidé d'élever les relations sino-africaines au niveau d'un partenariat stratégique global, et a déclaré que dans les trois années à venir, la Chine était prête à mettre à disposition un fonds de 60 milliards de dollars afin de soutenir 10 grands projets de coopération avec l'Afrique. Après le sommet, Lin Songtian a pris l'initiative de choisir quatre pays africains parmi les pays qui remplissent les conditions requises : l'Éthiopie, le Kenya, la Tanzanie et le Congo-Brazzaville. Des pays choisis pour y établir des zones devant servir d'exemple à la coopération sino-africaine. Lin Songtian a une grande vision concernant la façon d'aider les pays africains à réaliser ces projets.

“我的梦想，应该是这些国家经济两位数增长，外汇储备必须大量增加，政府的财税收入必须大量增加，当地的就业必须大量增加。”

« Mon rêve, c'est une croissance économique à deux chiffres. Les gouvernements africains devraient connaître une augmentation substantielle de leurs réserves de change et de leurs recettes fiscales, tout en créant localement un nombre important d'emplois. »

林松添走到非洲哪里，就把希望和梦想带到哪里。如今，虽然身在中国，这位魅力外交官依然心系非洲。每天清晨拉开窗帘，他都会想起非洲的蓝天白云，青山绿水。

Partout où il va, Lin Songtian apporte avec lui son lot d’espoir et de rêves pour l’Afrique. Aujourd’hui, bien qu'il réside en Chine, ce diplomate de charme reste en lien étroit avec ce continent qu’il aime tant et dont il se souvient avec bonheur de la beauté des paysages qui se déployaient devant lui lorsque chaque matin à l’aube il ouvrait ses rideaux.

28

林怡：“我的中国妹妹”

Lin Yi:

"Ma sœur chinoise"

中国人民对外友好协会副会长

Vice-présidente de l'Association du Peuple chinois pour l'Amitié avec l'Étranger

林怡从事对非工作已近27年，她最喜欢别人叫她“我的中国妹妹”。林怡的职业生涯从中国人民对外友好协会亚非部开始，如今她的朋友遍布非洲40多个国家，上至开国总统，下至平民百姓。

Après avoir consacré plus de 27 années de sa vie à l'Afrique, Lin Yi aime qu'on l'appelle « ma sœur chinoise » .C'est dans la section Asie-Afrique de l'Association du Peuple chinois pour l'Amitié avec l'Étranger, qu'elle a débuté sa carrière. Aujourd'hui, ses amis sont répartis dans plus de 40 pays africains, du président fondateur jusqu'à la société civile.

"他们知道我是 my Chinese sister（我的中国妹妹）。比方津巴布韦的一个朋友，原津中友协副会长，在友协，不光我是 sister（妹妹），还有 son（儿子），daughter（女儿），我们在一起就是 my family（一家人）。"

« Ils ont déjà à l'esprit que je suis leur « Chinese sister ». Par exemple, l'ancienne vice-présidente de l'Association de l'Amitié Zimbabwe-Chine m'appelle « ma sœur », et elle appelle également certains autres membres « mon fils » ou « ma fille ». Nous formons ainsi une grande famille. »

林怡大学毕业时被分到亚非部，是一个偶然，而喜欢上这份工作，则是一个必然。20 世纪八九十年代，中国和欧美国家的外交往来不像如今这般频繁，友协接待最多的就是来自非洲的朋友。

À la fin de ses études universitaires, affectée par hasard à la section Asie-Afrique, Lin Yi était loin d'imaginer à l'époque que cela allait changer son destin. Dans les années 80 et 90, les échanges diplomatiques entre la Chine et les pays occidentaux n'étaient pas aussi développés qu'aujourd'hui, et l'Association recevait, alors majoritairement, des amis étrangers venus du continent africain.

“友协对非工作有很深厚的历史。新中国成立后，我们支持了非洲的民族解放斗争，为他们培养了很多‘freedom fighte’（游击战士）。当时一批批（战士）到中国培训，出面接待他们、安排他们所有日程的是对外友协。到目前为止，我接触的很多外宾，都是曾经被我们对外友协接待过的。”

« L'Association entretient des liens historiques profonds avec l'Afrique. Après la fondation de la Chine Nouvelle, nous avons œuvré aux côtés des peuples africains pour leur indépendance, en formant de nombreux combattants de la liberté au sein des différentes guérillas. Certains d'entre eux ont même été formés en Chine, nous devions alors les recevoir et organiser l'ensemble de leur séjour. Parmi les invités étrangers que j'ai reçus jusqu'à présent, une grande partie avait été prise en charge à l'époque par l'Association. »

传承，更不忘创新。为了让中非人民加深彼此了解，林怡曾协助北京电视台和中央电视台，摄制介绍非洲的纪录片。

Mais Lin Yi veut en faire plus. Afin de permettre aux peuples africains et chinois de mieux se comprendre mutuellement, elle a jadis participé aux côtés de la Télévision de Beijing et de la CCTV à plusieurs tournages de documentaires sur l'Afrique.

"这是当时每一集的脚本，写完以后我们帮着审核。很多人看了才知道，中非方面不光是国家领导人在做很多事情传承友谊，中非各界其实有很多值得纪念的人。"

« Nous aidions à vérifier le texte qu'ils écrivaient pour chaque épisode. Ces documentaires ont permis à beaucoup de personnes de réaliser que les relations sino-africaines ne se limitaient pas seulement à l'amitié entre dirigeants, mais elles concernaient également des individus ayant œuvré dans de nombreux domaines. »

拍摄纪录片，组织非洲驻华大使到中国各地巡讲，再到打造中非地方政府合作论坛……林怡和她的团队摸索前进，从无到有打造出一个个人人可以参与的精品项目。而最让林怡引以为豪的，是来自非洲老百姓的认可。

Entre le tournage des documentaires, l'organisation de la tournée de conférences des ambassadeurs africains en Chine, et la mise en place du Forum de Coopération des Gouvernements sino-africains. . .en partant du zéro, Lin Yi a su, avec son équipe, se frayer un chemin pour lancer des projets ambitieux et de qualité. Mais ce dont elle est la plus fière, c'est d'avoir obtenu au fil des années l'estime du peuple africain.

« Nous avons également mené des actions caritatives en Afrique, dont la plus célèbre est l'Action Lumineuse. Les médecins de l'Hôpital Tongren sont partis en Afrique et y ont effectué des opérations, qui ont permis à des patients atteints de cataracte de recouvrer la vue. Grâce à ce type d'activité, nous voulons que les peuples chinois et africain s'apprécient encore plus. »

"我们还组织了把中国慈善带到非洲。说得比较响亮的品牌叫'光明行'。组织了同仁医院的大夫到非洲，为非洲白内障患者做复明手术。通过这一系列的活动，我们的任务很简单，就想让中非人民彼此更加喜欢对方。"

林怡相信，非洲人民和中国人民一样讲感情，只要真诚付出，就会得到理解和友谊。

Lin Yi se dit persuadée que les peuples chinois et africain attachent une grande importance à l'amitié. Selon elle, aussi longtemps que les deux parties agiront de bonne foi, la compréhension et l'amitié qui les lient perdureront à jamais.

“比如赞比亚的开国总统，坦桑尼亚的总统，这些人当中有些不光来一次，后面再到中国访问时，身份就不是总统了，但是他们还会想到到友协来。”

« Par exemple, le Président fondateur de la Zambie et le Président de la Tanzanie sont déjà venus à plusieurs reprises en Chine, même lorsqu’ils n’assumaient plus aucune fonction officielle. À chacun de leurs séjours, ils prennent le temps de rendre visite à l’Association. »

中国有句老话，朋友多了路好走。林怡希望代表中国结交更多值得信赖的朋友，让中非友谊之路越来越宽广。

Une expression traditionnelle chinoise rappelle que plus on a d’amis, moins le chemin est difficile. Lin Yi espère ainsi représenter au mieux la Chine et lui apporter de plus en plus d’amis dignes de confiance afin d’élargir encore davantage le chemin de l'amitié sino-africaine.

29

Liu Guijin :

刘贵今：中非关系守望者

Observateur des relations sino-africaines

首任中国政府非洲事务特别代表

Ex-Représentant spécial de la Chine pour les affaires africaines

"凡是到非洲去过的，特别是待的时间长的，对非洲往往都有一种特殊的感情。"

"我们就挑灯夜战，三天三夜没有合眼。后来会议（中非合作论坛）一结束，我就吐血……"

"非洲更自由了，非洲更自强了，非洲更自信了……"

« Tous ceux qui sont allés en Afrique, et surtout ceux qui y sont restés longtemps, pourront vous le dire : on ne perd jamais ce lien spécial qu'on crée avec ce continent. »

« Nous travaillions jusqu'à très tard dans la nuit, je n'avais pas fermé l'œil pendant trois jours. J'ai même craché du sang à la fin de la réunion. (Forum de Coopération Chine-Afrique)»

« Les pays africains sont désormais plus libres, plus autonomes, et plus confiants... »

外交官刘贵今从 1981 年起常驻非洲共 17 年。先后任驻肯尼亚使馆秘书，驻埃塞俄比亚使馆参赞，驻津巴布韦使馆大使，驻南非大使，首任中国政府非洲事务特别代表，见证了中非关系几十年的发展。

La carrière diplomatique de Liu Guijin en Afrique commence en 1981. Au cours des 17 années qui ont suivi, ce diplomate chinois a occupé tout au long de sa carrière les différentes fonctions de secrétaire de l'ambassade de Chine au Kenya, de conseiller de Chine en Éthiopie, d'ambassadeur de Chine au Zimbabwe, d'ambassadeur en Afrique du Sud et de premier représentant spécial de Chine pour les affaires africaines. Liu Guijin est ainsi devenu l'un des rares témoins privilégiés du développement des relations sino-africaines depuis plusieurs décennies.

"20世纪50年代、60年代和70年代可以作为中非关系的第一个阶段。我们可以把它比喻成自行车时代，走的速度并不是太快。20世纪80年代、90年代可以作为第二个阶段，四轮驱动，小汽车要走得快了。第三个时期以新世纪新千年为开端，以中非合作论坛为开端和标志，可以说是进入高铁时代，中非之间关系有了质的飞跃。"

« Les années 50, 60 et 70 constituent la première phase des relations sino-africaines. On peut métaphoriquement la qualifier de l'ère de la bicyclette. Les années 80 et 90 constituent ensuite la deuxième phase. Et là nous pouvons prendre comme métaphore les quatre roues motrices d'une petite voiture rapide. La troisième phase est celle du nouveau siècle et du nouveau millénaire, initiée et marquée par le Forum de Coopération Chine-Afrique. On peut dès lors qualifier cette phase de l'ère du train à grande vitesse, en raison du saut qualitatif général des relations entre la Chine et tout le continent. »

2000 年，时任外交部非洲司司长的刘贵今和他的工作团队全力参与了第一届中非合作论坛的成功举办和机制化进程。3 年后在亚的斯亚贝巴举办了第二届部长级会议。6 年后在北京召开了中非合作论坛峰会。40 多个非洲国家首脑来华参加了第一次峰会。

En l'an 2000, alors qu'il était directeur du Département pour les Affaires africaines du ministère des Affaires étrangères, Liu Guijin et son équipe ont participé au succès de l'organisation du premier Forum de Coopération Chine-Afrique et ont contribué à en faire une institution pérenne. En effet, trois ans plus tard, se tenait la deuxième Conférence ministérielle de ce même forum à Addis-Abeba, et six ans plus tard, plus de 40 chefs d'État africains participaient au premier sommet du Forum de Coopération Chine-Afrique à Beijing.

« Le Forum de Coopération Chine-Afrique permet de donner une véritable impulsion au développement des relations sino-africaines. Cette grande réunion organisée tous les trois ans permet très souvent de résoudre des problèmes qui, sans le sommet ou la Réunion ministérielle, n'auraient pas été résolus. Par ailleurs, des initiatives concrètes sont décidées lors de chaque session. On peut voir qu'en 15 ans, les relations sino-africaines ont en effet connu d'énormes changements, le niveau de la coopération sino-africaine s'est considérablement amélioré. »

"中非合作论坛这个机制实实在在地推动了中非关系的发展。每 3 年开这么一次会，大家有些事情解决不了的到了峰会或者部长级会议都会迎刃而解。每届会议都推出了对非关系的实际举措，回头一看 15 年中非关系的的确确发生了翻天覆地的变化。"

2007 年刘贵今被任命为中国首任非洲事务特别代表和苏丹达尔富尔问题特别代表，数次亲赴苏丹达尔富尔表达中国立场，斡旋苏丹政府与国际社会关系。

En 2007, Liu Guijin a été nommé premier Représentant spécial de la Chine pour les affaires africaines et Représentant spécial pour la question du Darfour. Il s'est rendu plusieurs fois au Darfour pour exprimer la position de la Chine et pour servir de médiateur entre le gouvernement du Soudan et la communauté internationale.

"具体是三方面工作：一是了解达尔富尔问题真相，做苏丹政府方面的工作，使苏丹政府在达尔富尔问题上表现出更多的灵活性。联合国五常的代表，再加上欧盟的代表，大家一起经常沟通立场，便于西方国家了解中国立场，这是第二个层面的工作。第三个层面的工作就是做媒体，做议会，做非政府组织的工作。"

« Ma mission comportait trois aspects. Tout d'abord, comprendre la vérité de la question du Darfour, faire des démarches auprès du gouvernement du Soudan, afin qu'il se montre plus flexible sur la question du Darfour. Deuxièmement, exposer activement la position de la Chine lors des conférences internationales, et notamment auprès des représentants des cinq membres permanents du Conseil de Sécurité de l'ONU, et de ceux de l'Union européenne. Et troisièmement, communiquer sur les avancées de ma mission avec des médias, des parlementaires, et des organisations non gouvernementales. »

Aujourd'hui retraité, Liu Guijin est désormais doyen de l'Institut de Commerce International Sino-africain de l'Université Normale du Zhejiang, où il continue d'enseigner à des étudiants chinois et africains. Les échanges culturels et le mélange entre les jeunesses africaines et chinoises seront, le nouveau moteur des relations sino-africaines de demain.

退休后，刘贵今在浙江师范大学担任中非国际商学院院长，给中国和非洲学生讲课。他相信，以中非青年人为起点，文化上的交融必将助力中非民族间的交流飞向更高的层次。

30

刘鸿武：中非智库学者

Liu Hongwu : Penser l'Afrique

浙江师范大学非洲研究院院长

Directeur, Institut de recherches sur l'Afrique, Université normale du Zhejiang

"1990 年，我去法国巴黎访问的时候，我看到欧美有很多博物馆收藏了很多非洲的艺术品，当时我就想，有一天如果能够在中国也建一个非洲的艺术博物馆，介绍非洲的文明，中非人文交流就有更好的平台。"

« En 1990, lorsque je suis allé en visite à Paris, j'ai constaté que beaucoup de musées occidentaux conservaient un nombre important d'œuvres d'art africaines. Je me suis alors dit que si nous pouvions également construire un musée consacré à l'art africain en Chine afin de mieux connaître cette civilisation, cela offrirait une meilleure plate-forme pour les échanges culturels sino-africains. »

2007 年，已经从事了 20 多年非洲研究的刘鸿武，带领团队在浙江师范大学创建了国内首家综合性、实体性的非洲研究院。随后，作为建院之后的一项尝试，他创建了国内首家高校非洲博物馆。7 年的时间里，它已经成为我国与非洲人文交流的一个重要窗口，每年接待众多来自海内外的嘉宾。

En 2007, après avoir passé plus d'une vingtaine d'années de sa vie à étudier l'Afrique, Liu Hongwu dirigea l'équipe qui fonda l'Institut de recherches sur l'Afrique relevant de l'Université normale du Zhejiang. Il s'agit de la première entité intégrée consacrée aux études africaines de toute la Chine. Le musée d'arts africains, qui a été établi comme une suite logique à l'institut, est devenu en l'espace de 7 ans, une vitrine importante des échanges culturels et éducatifs entre la Chine et l'Afrique. Il accueille chaque année nombre de visiteurs chinois et étrangers.

"我做非洲研究30年了，我觉得中国的非洲学术研究不能照搬书本，还是要接地气，要真正地了解非洲的文化和艺术，我们只有理解非洲的文化、非洲的文明，我们来研究现实的非洲政治经济，理解中非关系的时候，才能够说得出真实的话。所以我一直主张，先从非洲文化、文明的研究开始，再来理解今天的非洲，这是一个基本的过程，那么这个博物馆确实起到了这样的作用。"

« J'ai consacré trente années de ma vie aux recherches sur l'Afrique. Je pense que les recherches académiques chinoises sur l'Afrique ne doivent pas se limiter aux livres, elles doivent être au contraire plus terre-à-terre afin de comprendre réellement l'art et la culture de ce continent. La compréhension de la culture et de la civilisation africaines permet en effet de mieux connaître les réalités politiques et économiques des pays africains et la nature des relations que nous entretenons avec ces derniers. Ainsi, j'ai toujours préconisé que pour comprendre l'Afrique d'aujourd'hui, il fallait nécessairement débuter par l'étude approfondie de sa culture et de sa civilisation. Le musée joue justement un rôle essentiel dans ce processus de base. »

在他的众多学术研究成果当中，刘鸿武对《非洲研究文库》倾注了大量的心血，这是建国以来规模最大的非洲研究文献集成，具有填补国内空白的意义。

Parmi les nombreuses réalisations en lien avec ses recherches académiques, Liu Hongwu a consacré beaucoup d'efforts à l'élaboration de la « Bibliothèque des Études africaines ». Il s'agit de la plus grande collection documentaire sur le sujet depuis la fondation de la République populaire de Chine. Elle permet par ailleurs à la Chine de combler cette lacune dans le domaine.

“这套文库基本上把国内这些年来大学当中从事非洲研究的很多力量都组织了起来。2007 年开始启动，到现在 8 年的时间，涉及了我们国家研究非洲的重要领域、地域、国别和重大的一些问题，大体上覆盖了我们国家非洲研究的基本领域。”

« La bibliothèque regroupe de nombreuses études des chercheurs universitaires du pays sur l’Afrique. Nous avons démarré en 2007 ce long travail de collecte, et au bout de plus de 8 ans, notre travail a déjà accédé aux principaux secteurs de recherches que notre pays mène sur l’Afrique, tels que les zones ,les pays et d’autres thématiques majeures. Nous sommes parvenus à couvrir globalement les domaines fondamentaux des études africaines en Chine. »

刘鸿武认为，现在中非关系发展的真正短板是思想和话语。2011 年，“中非智库论坛”正式挂牌启动，为中非学者和智库建立了一个可以直接交流的平台。通过智库论坛提升了中非在国际话语体系当中的地位，发出了中国和非洲的声音。

Liu Hongwu estime que le véritable défaut au développement des relations sino-africaines actuelles repose en grande partie sur les échanges d’idées et les langages de communication. Ainsi, en 2011, le Forum des laboratoires d’idées sino-africains a été officiellement lancé, afin d'établir une plateforme de communication directe entre les universitaires et les penseurs des deux parties, et de faire entendre davantage la voix de l’Afrique et de la Chine sur la scène internationale.

"中非智库论坛其实还是基于我对目前和未来中非合作中长期战略的考虑，从长远来看，中国、非洲要实现民族复兴，最根本的，除了靠经济、科技、政治以外，最终还是要靠思想，靠文化。"

« L'idée de ce forum s'inscrit dans une stratégie de coopération sino-africaine à moyen et long termes. Si l'on se projette à l'horizon, le développement économique, technologique et politique ne suffira pas à la Chine et à l'Afrique pour réaliser finalement leur renaissance nationale. Tôt ou tard, ils devront également s'appuyer sur la culture et les nouvelles idées. »

30多年来，刘鸿武的足迹遍及非洲20多个国家。他觉得从事非洲研究虽然是一个艰苦的过程，但其中的快乐也是很多人无从体会的。

En l'espace de trente ans, Liu Hongwu a parcouru plus d'une vingtaine de pays africains. S'il rappelle volontiers que son domaine d'études n'est pas de tout repos, il s'estime néanmoins comme l'un des rares privilégiés à avoir vécu un parcours que peu ont connu.

“中国的非洲研究开始探寻自己的发展道路。我想未来中非关系还会快速地发展。就我个人来讲，我自己也很喜欢非洲的文化和艺术，我相信在非洲的音乐、艺术、文化的世界里边，每个人都能找到自己安顿心灵的世界。所以，从事非洲文化艺术研究，其实是人生的一个独特的经历，一个过程。”

« Les études menées par la Chine sur l'Afrique ont frayé leur propre chemin de développement. Je pense qu'à l'avenir, les relations sino-africaines continueront à croître rapidement. Sur le plan personnel, je suis un passionné de la culture et de l'art africains. Je crois sincèrement que chacun est en mesure de trouver une paix intérieure à travers la musique, l'art et la culture africains. Ainsi, les recherches sur l'Afrique sont une expérience unique dans une vie, un véritable processus à part. »

31

刘武：在非洲探访古人类的起源

Liu Wu:

Sur les traces de nos ancêtres en Afrique

中国科学院古脊椎动物与古人类研究所研究员

Chercheur à l'Institut de Paléontologie des vertébrés et de Paléoanthropologie de l'Académie des Sciences de Chine

中国科学院古脊椎动物与古人类研究所研究员刘武，多年来一直从事人类起源与演化及相关的体质人类学研究。

Liu Wu, chercheur à l'Institut de Paléontologie des vertébrés et de Paléoanthropologie de l'Académie des Sciences de Chine, est engagé depuis plusieurs années dans des travaux de recherches anthropologiques relatives aux origines et à l'évolution de l'espèce humaine.

"非洲大陆，尤其是东非和南非，它拥有世界上最丰富的古人类学资源。非洲是人类起源地嘛，我们做古人类学研究都想有机会到那儿去一下。"

« C'est en Afrique, et en particulier dans l'Est et le Sud du continent, que l'on retrouve les ressources anthropologiques les plus abondantes au monde. L'Afrique, en tant que berceau de l'humanité, est un passage obligé pour nos chercheurs. »

2002 年，在中科院的支持下，刘武参加了埃塞俄比亚规模最大的国际项目组 Middle Awash 的调研工作，会同其他国家的十余名科学家到阿法尔盆地进行野外调查与发掘工作。

En 2002, avec le soutien de l'Académie des Sciences de Chine, Liu Wu a participé en Éthiopie aux travaux de Middle Awash, le plus grand groupe de recherches anthropologiques au niveau international. Plus d'une dizaine de scientifiques venus de divers pays du monde se sont attelés à des enquêtes de terrain et des travaux d'excavation sur le site du bassin de l'Afar.

“这次考察发现了很多古人类化石和相关的研究材料。通过对这些材料的研究，有助于科学界不断深入探索，阐明人类起源和演化的过程。”

« Nous avons découvert beaucoup de fossiles humains très anciens et des matériaux utiles à nos recherches. En effet, grâce à l'étude de ces matériaux, la communauté scientifique pourra approfondir davantage l'étude des origines de l’homme, ainsi que son processus d'évolution. »

由于自然环境恶劣和工作条件艰苦，第一次在非洲野外工作的刘武病倒了。

En raison d’un environnement naturel hostile, accompagné de conditions de travail très difficiles, Liu Wu est tombé malade lors de sa première expérience de recherches sur site en Afrique.

"我就得疟疾了。我病挺重的时候，我还记得好像是 12 月 30 日那天，特别难受。那天我们吃完饭以后，咣当我就晕倒了。他们白天出工时，我快热死了，他们就把我放在大树底下。稍微好一点以后，等到回国了又犯了。"

« J'ai en fait contracté la malaria et je suis tombé gravement malade. Je me souviens encore de ce 30 décembre où je souffrais particulièrement. Ce jour-là, je me suis évanoui juste après que nous ayons fini de manger. Nous travaillions la journée sous une chaleur brûlante, ils m'obligeaient alors à rester à l'ombre sous un arbre. Lorsque je me suis senti un peu mieux, je suis rentré en Chine, mais les symptômes sont encore réapparus. »

En 2007, avec le soutien des Ministères chinois et sud-africain des Sciences et des Technologies, le projet de Coopération entre la Chine et l'Afrique du Sud pour les recherches paléoanthropologiques a été officiellement lancé. Liu Wu a conduit la délégation chinoise à visiter l'Université du Witwatersrand, ainsi que plusieurs sites de recherches sud-africains, dont celui de Sterkfontein. Ce projet a permis d'initier la coopération et les échanges dans de nombreux domaines relatifs au partage des ressources fossiles entre les deux pays.

2007 年，在中国和南非两国科技部的支持下，中国和南非古人类学合作研究项目正式启动。刘武带领中方代表团访问了南非金山大学和斯特克方丹等多处遗址，开展了化石资源共享等多方面合作与交流。

"南非的古人类学资源和我们国家的古人类学资源有很多的互补性，在我国发现的很多古人类化石的时代和它接近。因此我们去访问的时候刻意地去对一些重要的化石材料开展了我国和非洲古人类化石的对比的研究。"

« Les ressources paléoanthropologiques d'Afrique du Sud sont très complémentaires avec les nôtres. Les fossiles humains anciens retrouvés en Chine se rapprochent des leurs en termes de période historique. Ainsi, nous allons visiter délibérément les sites de recherches regroupant des matériaux fossiles importants, afin de réaliser une étude comparative entre nos fossiles humains anciens et ceux retrouvés en Afrique du Sud. »

4年来，两国科学家在中国与非洲古人类演化上的关系、现代中国人起源等方面取得了一批有影响的合作研究成果。其中，通过两国的化石对比，印证了东亚最早的早期现代人的存在。

Il y a quatre ans, les scientifiques des deux pays ont obtenu des résultats significatifs dans leurs recherches communes sur l'évolution de l'espèce humaine en Afrique et en Chine, mais également sur l'origine des Chinois. À travers la comparaison des fossiles retrouvés dans les deux pays, ils ont pu confirmer l'existence du premier homme moderne en Asie de l'Est.

“2002-2003 年的时候，在我国广西崇左木榄山智人洞发现了一件下颌骨，距今 10 万年左右，初步判定他是一个东亚最早的早期现代人。因此在 2009 年，我们去访问的时候，我们就带着这件下颌骨的材料专门到了南非，对比了很多非洲十几万年的古人类化石材料。我们的研究成果在美国 PNAS（美国科学院院刊）发表，还获得了 2010 年的中国科学十大进展。”

« En 2002-2003, grâce à la découverte d’une mandibule d’Homo Sapiens dans une grotte des montagnes Mulan dans le Guangxi, datant de plus d’une centaine de milliers d'années environ, nos premières études ont identifié qu’il s’agissait d’un des premiers hommes modernes d’Asie de l'Est. Ainsi, en 2009, lorsque nous sommes allés visiter l’Afrique du Sud, nous avons emmené cette mandibule afin de la comparer aux nombreux fossiles d'hominidés retrouvés sur le continent africain et datant de la même période. Les résultats de nos travaux ont même été publiés dans la revue de l’Académie des Sciences américaine, PNAS, et nous avons également remporté le prix des Dix plus grands progrès scientifiques chinois 2010. »

非洲是人类诞生的重要摇篮。刘武等古人类学家一次又一次踏上这片古老的大地，继续探访人类起源的奥秘。

L'Afrique est le berceau qui a vu naître l’humanité. Liu Wu et ses confrères paléoanthropologues continueront à maintes reprises de se rendre sur cette terre ancienne, afin d’y déchiffrer les mystères de l'origine de l’espèce humaine.

逯春明：推广青蒿素第一人

Lu Chunming:

Pionnier de l'artémisinine en Afrique

华立科泰前总经理

Ex-Directeur général d'Holleycotec

中国重庆酉阳，被誉为“世界青蒿之乡”，青蒿产量占世界一半以上。非洲一直是疟疾重灾区，青蒿是治疗疟疾的药物原料。逯春明和他的团队，自 1995 年起深入非洲 29 个国家，是中国首支在非洲推广青蒿素的队伍。但是当时青蒿素并未被世卫组织正式确认为治疗疟疾首选用药，非洲医生对采用该药往往持怀疑态度。

Voici la ville chinoise de Youyang, la plus grande région productrice du monde de ces armoises vertes, ingrédient de remèdes contre le paludisme, l'artémisinine. L'Afrique a longtemps été la zone la plus touchée par la malaria. Lu Chunming et son équipe ont été les premiers Chinois à promouvoir l'usage de l'artémisinine dans 29 pays africains. Mais à l'époque, l'OMS n'avait pas encore pris de position officielle concernant l'usage de ce traitement de choix préférencielle et de nombreux médecins hésitaient alors à l'utiliser.

"在非洲执业的医生有三类，黑人本地医生，印巴人医生和欧洲人医生。而说服他们接受试药的难度按照这三类医生逐渐增加，白人医生是最难说服的，很难相信这个药。但是后来使用我们药最坚定的恰恰就是白人医生。"

« Nous avons rencontré certaines difficultés pour arriver à convaincre les médecins. Il y avait à ce moment-là trois catégories de médecins, les locaux, les Indiens et les Pakistanais ainsi que les Européens, parmi lesquels les médecins européens présents en Afrique n'accordaient aucun crédit à ce traitement. Mais avec le temps, ce sont justement ces médecins européens qui ont le plus fermement eu recours à notre traitement. »

青蒿素的推广工作漫长而艰苦。以肯尼亚为例，该国共有 2800 名注册医生，逯春明的团队在 1995 年一年之内就拜访了 2300 名跟疟疾相关的医生，工作量之大可想而知。通过逐渐试用，医生们发现这个药起效快，安全，副作用小。

Le processus de diffusion de l'artémisinine a été long et difficile. Ainsi, comme au Kenya qui compte près de 2800 médecins, Lu Chunming et son équipe ont rencontré un par un en 1995 près de 2300 médecins en contact dont le travail est lié au malaria. Un énorme travail de présentation et de diffusion du traitement à base de l'artémisinine a été accompli au fil des ans. Mais grâce à l'utilisation progressive, les médecins ont constaté que le traitement avait une action rapide, sûre et avec peu d'effets secondaires.

"1998 年在肯尼亚我们做了临床对比试验。有天晚上 10 点多来了个重症昏迷的小孩叫 Joseph，得了重症疟疾，用了青蒿素栓剂，第二天早上 5 点多就醒了，而且就要吃饭。这让当地的医生和在场的肯尼亚卫生部的官员都很吃惊。"

« En 1998, au Kenya, nous avons réalisé un essai clinique. Un soir après 22 heures, on nous a amenés en urgence Joseph, un petit garçon dans le coma et sévèrement atteint par la malaria. Nous lui avons administré les suppositoires d'artémisinine, et le lendemain aux alentours de 5 heures du matin, Joseph s'est réveillé, il avait même retrouvé l'appétit. Toute l'équipe de médecins locaux, et les fonctionnaires du Ministère kenyan de la Santé présents sur place, ont tous été surpris. »

逯春明在非洲推广青蒿素 18 年间，自己也没逃得过疟疾的魔爪。

Au cours des 18 années passées en Afrique à diffuser l'artémisinine, Lu Chunming n'a pas pu échappé au paludisme.

"我得过 3 次疟疾，最严重一次住院了。当时发冷发热，发冷的时候不是多穿衣服多盖被子能解决的问题，感觉从内脏往外冷。但是自己得疟疾也没害怕，因为有青蒿素。这 3 次得疟疾，难受是难受，但是对治疗也是很有信心的。用了一天发冷发热症状就消失了，第二天就感觉好多了。"

« J'ai eu trois fois le paludisme, et une fois j'ai même dû être hospitalisé. J'avais à la fois de la fièvre et des frissons, et il faut savoir que la sensation de froid provient directement de vos entrailles, c'est pourquoi il est très difficile de l'atténuer seulement en se couvrant davantage. Mais malgré cela, je n'avais pas peur, j'avais entièrement confiance dans le traitement de l'artémisinine. La fièvre s'est arrêtée au bout du premier jour, et je me sentais beaucoup mieux au bout du deuxième. »

今天，青蒿素在非洲已深入人心。2015年10月，中国女科学家屠呦呦成为第一个获得诺贝尔生理学或医学奖的华人科学家。根据世卫组织数据，自2000年以来，全世界疟疾发病率和死亡率分别下降37%和60%。很重要的一个因素就是青蒿素的推广使用。在非洲近20年的经历，逯春明对非洲和非洲人都有难舍的情结。非洲人的淳朴、真挚让他念念不忘。2016年他自己创业仍然选择了非洲。

Aujourd'hui, l'artémisinine est largement acceptée en Afrique. La scientifique chinoise Tu Youyou a remporté en 2015 le prix Nobel de médecine pour ses recherches sur l'artémisinine. Selon l'OMS, depuis l'an 2000, le taux d'incidence de la malaria et le taux de mortalité associée ont respectivement baissé de 37% et 60%. L'une des raisons principales est sans conteste la forte diffusion de l'artémisinine. Avec près de 20 ans d'expériences passées en Afrique, Lu Chunming a noué une relation particulière avec le continent et ses habitants. La sincérité et l'honnêteté des Africains l'ont marqué à jamais. Lu Chunming fait toujours le choix de l'Afrique quant au plan du développement de son entreprise en 2016.

33

陆大同：坦赞铁路亲历者

Lu Datong:

Témoin à l'avant-poste de la ligne de chemin de fer Tanzanie-Zambie

原援建坦赞铁路工作组副总工程师

Ingénieur en chef adjoint du groupe de travail chargé du projet de la voie ferré Tanzanie-Zambie

87 岁高龄的陆大同和他的夫人生活在上海一家老年公寓。陆大同，坦赞铁路中国专家组成员，时任坦赞铁路援建项目副总工程师。陆大同一辈子跟坦赞铁路结下不解之缘，他说，他生命的三分之二都献给了这条铁路。

Lu Datong, 87 ans, vit avec son épouse à Shanghai dans une résidence pour personnes âgées. Cet expert chinois fut l'ingénieur en chef adjoint du groupe de travail chargé du projet de la voie ferré Tanzanie-Zambie. Le destin de Lu Datong restera à jamais marqué par cette ligne de chemin de fer, à laquelle il consacra près des deux tiers de sa vie.

"周总理那时候出访非洲，发表我国对外经济技术援助的'八项原则'。那时候，尼雷尔、卡翁达都知道了，所以他们寻求西方国家帮助没有解决这个问题，他们想来（中国）做一些试探。"

« Lors de sa visite en Afrique, le premier ministre Zhou Enlai a formulé les huit principes sur l'assistance économique et technique de la Chine aux pays étrangers. Nyerere et Kaunda étaient parfaitement au courant, c'est pourquoi après avoir essuyé les différents refus des pays occidentaux, ils voulaient se rendre en Chine pour tâter le terrain. »

当时的中国经济也处于复苏阶段，国内也需要很多投入。关于是否接受这项援助请求，国内意见不一。老一辈国家领导人，经过认真的研究做出决定，愿意帮助他们修建铁路。中国向这两个非洲新独立的国家伸出了援助之手。

À cette époque, l'économie chinoise venait de sortir d'une période difficile, le pays avait encore besoin d'investissements très importants. Les avis étaient dès lors partagés sur les suites à donner à la demande d'assistance pour le projet. Mais après un examen précis de la situation, les représentants de l'ancienne génération de dirigeants chinois, ont pris la décision d'aider à la construction de la ligne de chemin de fer. La Chine allait donc prêter main-forte aux deux pays africains nouvellement indépendants.

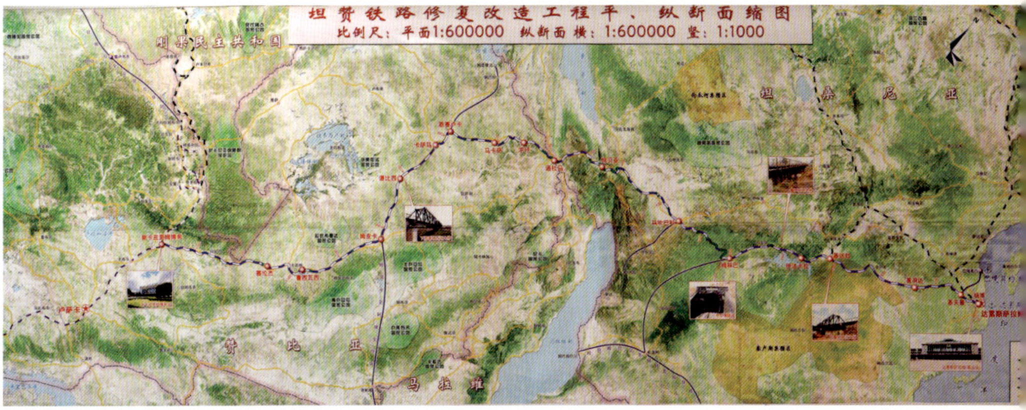

陆大同由此与坦赞铁路结缘，先后担任坦赞铁路勘测设计队领导、坦赞铁路工作组副总工程师。从最初的勘测设计阶段，到建设施工，直至最后铁路建成办理检查、验收和移交，陆大同在非洲一待就是8年。

坦赞铁路姆马段地处东非大裂谷。东非裂谷自非洲东北延伸到西南有数千千米，地形、地质等自然条件极度复杂，给坦赞铁路的勘测和建设带来巨大挑战。

À partir de là, le destin de Lu Datong était définitivement scellé à celui de cette ligne de chemin de fer. Il commença comme chef de l'équipe en charge du tracé, pour finir ingénieur en chef adjoint du projet de construction. De la conception du tracé initial jusqu'à l'inspection et la livraison finale, en passant par les différentes phases de construction, Lu Datong a passé au total plus de huit années en Afrique.

Le secteur de Muma de cette ligne est situé au beau milieu de la vallée du Grand Rift. Cette dernière s'étend du nord-est au sud-ouest de l'Afrique orientale sur des milliers de kilomètres. La topographie, la géologie ainsi que les autres conditions naturelles y sont extrêmement complexes. Le tracé et la construction de la ligne de chemin de fer représentaient alors un défi énorme.

"我们走大象走的路，喝水，喝大象脚印里存的水。山坡很陡，我们一手带着拐棍，另一只手抓住草走，那真是救命稻草，掉下去就没命了，真是救命稻草啊。"

« Nous marchions sur les chemins frayés par les éléphants, et nous buvions l'eau stockée dans leurs empreintes. Les flancs des montagnes étaient très abruptes, nous nous y déplacions à l'aide de bâtons et en s'accrochant à la paille. Cette paille était vitale, sans elle nous risquions de tomber dans le vide à n'importe quel moment. »

从坦桑尼亚的达累斯萨拉姆，到赞比亚的卡皮里姆波希，坦赞铁路全长 1860.5 千米。当时为了援建调动了全国 15 个部门和地区，5 万多中国工程技术人员与坦赞人民携手并肩，夜以继日用了 5 年 8 个月完成了这条"友谊之路"。

在中国土木工程总公司，还保存着陆老的 50 多本工作日记。

La ligne de chemin de fer Tanzanie-Zambie s'étend sur une longueur totale de 1860 km entre Dar-es-Salam en Tanzanie et Kapiri Mposhi en Zambie. Au total, ce sont plus de 50 mille ouvriers ingénieurs et techniciens chinois de 15 corps de métiers différents venus de toute la Chine qui ont été mobilisés sur place aux côtés des Africains. Ils se sont relayés nuit et jour pendant 5 ans et 8 mois pour achever la construction de cette « Ligne de chemin de fer de l'amitié ».

Plus de 50 journaux de bords écrits par ce monsieur sont encore précieusement conservés au siège de la Société Chine Génie Civil.

"他这个(日记)是从1969年一直写到了1992年，记录了坦赞铁路勘测时期、建设时期和技术合作时期的全过程。"

« Il a tenu son journal de bord de 1969 jusqu'à 1992. Il y a du tracé jusqu'à celle de la construction, sans oublier les éléments de coopération technique. »

1976年7月，坦赞铁路移交，开始试运营。因为担心铁路还有些问题，陆大同与一部分管理人员继续留在坦桑尼亚。7月28日，唐山大地震发生了。

En juillet 1976, la ligne de chemin de fer Tanzanie-Zambie entrait officiellement en exploitation. Lu Datong et une partie du personnel de gestion chinois ont décidé de rester en Tanzanie pour régler les derniers problèmes techniques. Alors que Lu Datong était encore en Afrique, le tremblement de terre de Tangshan se produisit le 28 juillet.

L'épouse de Lu:« Il n'y avait plus de courrier après le tremblement de terre. Notre maison s'était effondrée, mais j'ai entendu dire, car nous avions encore des voisins sur place, que la plupart des gens étaient sains et saufs et avaient quitté la zone. Toute notre famille le soutenait dans l'accomplissement de sa mission. C'était avant tout pour honorrer notre patrie que nous aidions les autres, on disait également que nous œuvrions au service des pays étrangers. »

"地震以后就没有信了。家已经都塌掉了，人呢，听说，当时还有一些邻居在边上，人已经离开了，还是安全的。我们一家人都挺支持他出去工作的。一个，为国争光，我们援外嘛，是为国争光，第二句话，就是讲，为受援国要出力。"

34

Luc Bendza :

吕克·本扎：闪耀中国电影的“非洲明星”

Étoile noire du cinéma chinois

演员，北京非洲电影节策划人

Acteur, Organisateur du Festival du Film Africain à Beijing

“完成了所有的准备工作，我很高兴中非电影节就要开幕了。”

« Après toute cette préparation je suis très content que le festival ait lieu... »

吕克·本扎为中非电影交流投入了前所未有的专注。

他是一名功夫教练，不少中国电影里都能看到他的身影。这个多才多艺的加蓬男子在中国已经生活了整整33年。

Luc Bendza s'investit désormais plus que jamais dans les échanges sino-africains dans le 7ème art... Enseignant de Kung-fu, régulièrement à l'affiche de productions cinématographiques chinoises, voilà maintenant 33 ans que ce Gabonais aux multiples talents vit en Chine.

"李小龙的电影、还有王羽的电影，在 20 世纪 70 年代的加蓬很流行。是他们让我产生了去中国学习武术的念头。"

« C'est en regardant les films de Bruce Lee, mais à l'époque c'était Wang Yu, ce sont les films que l'on regardait dans les années 70 au Gabon. Ce sont eux qui m'ont motivé pour venir en Chine apprendre les arts martiaux chinois. »

因为对武术的痴迷，他成为去少林寺习武的第一个非洲人。那年他 14 岁。这段经历在纪录片《想飞的非洲人》中还能看到。从那时起，功夫之于他有了全新的内涵。

Cet attrait pour les arts martiaux l'a amené à être le premier Africain à intégrer le temple Shaolin à l'âge de 14 ans, une épopée retracée dans son documentaire L'Africain qui voulait voler. Depuis lors, le Kung-fu a pris une tout autre signification dans sa vie.

"从少年时代起，通过功夫电影，我们就学会了这个手势。当我们这样做这个手势的时候，在中文里象征'德智体美仁'。另一只手握拳，象征力量。把这些武术的标准合在一起，就是'中国武术'。"

« Dès notre jeune âge, à travers des films de Wushu, on apprend ce signe. Quand on fait ce signe, vous voyez, on dit en chinois «la vertu, l'intelligence, la puissance, le goût artistique et la bienveillance» . Alors ça c'est la force, et tous ces critères de Wushu, quand on les mélange, ce signe, on l'appelle: le kung-fu chinois. »

因为一次巧合，吕克·本扎与电影结缘，此后他拍摄了十几部电影。他最喜欢的作品之一是《李小龙传奇》。影片中他扮演李小龙在美国忠实的朋友——杰西·格洛弗。

C'est par hasard que Luc Bendza s'est retrouvé dans l'industrie cinématographique. Désormais, à l'affiche de dizaines de films de kung-fu, l'un des ses coups de coeur restera la série *La Légende de Bruce Lee* où il a pour rôle le fidèle ami de Bruce Lee aux États-Unis, Jesse Glover.

“许多人并不知道李小龙最要好的朋友的肤色是黑色的。他是李小龙最早期的徒弟，在李小龙初到美国的时候，他曾无私地帮助过李小龙。”

« Beaucoup de personnes ne savent pas que le meilleur ami de Bruce Lee, c'était un noir. C'est lui, l'un des premiers élèves de Bruce Lee, qui a beaucoup aidé Bruce Lee quand Bruce Lee était arrivé aux États-Unis.»

正是通过中国电影，吕克·本扎了解了中国文化。他认为非洲也可以效仿，通过电影宣传他们独特的文化、历史和传奇。

Et parce qu'il a connu la culture chinoise à travers son cinéma, Luc Bendza pense que l'Afrique peut en faire autant, en faisant la promotion de sa propre culture, son histoire et ses légendes...

“我想相对于中国朋友对非洲的了解，我们非洲同胞对中国文化的了解要更多一些。非洲的相关部门应该抓住机会，为非洲年轻的电影人争取一些资源。”

« Nous connaissons plus la culture chinoise que la Chine connaisse l'Afrique. Donc je pense qu'il est temps à nos autorités africaines de le saisir, de réfléchir et d'essayer de mettre des moyens aux jeunes cinéastes africains ».

他打算借助北京电影节的契机，向中国观众展示绚烂多彩的非洲大陆。他还邀请了几位非洲导演来到北京，希望他们可以在中国找到机会。

Il a donc décidé à travers un festival du film dans la capitale de montrer au public chinois la richesse du continent africain mais également en invitant plusieurs réalisateurs africains pour qu'ils puissent saisir des opportunités.

“带他们来到我曾经拍过戏的影视基地，主要是想让他们看一看以后来中国拍摄电影的可能性，不用去欧洲取材和制作，电影的前后期都可以在中国的这个地方完成。”

« Je les ai emmenés ici où j'ai tourné pas mal de films. Et surtout voir dans les années futures les possibilités s'ils souhaitent tourner des films dans les studios ici en Chine, qu'au lieu de prendre le produit et de le développer en Europe, tout se fera dorénavant ici en Chine. »

通过电影让中非老百姓走到一起，走得更近，散播乐观和坚持。这是拥有深厚底蕴的中国武术文化教给他的人生哲学。

Unir et rapprocher les peuples chinois et africain par le cinéma, les tout saupoudrer d'optimisme et de persévérance... C'est le kung-fu, issu de la tradition chinoise, qui lui a permis d'adopter cette philosophie de vie.

“当我们有一个目标，无论是什么目标，我们都能完成。因为练武之人吃过苦中苦，武术能塑造一个人，从体魄、精神到思维，从武术的世界里走出来，走近社会，你会发现没有什么坎是过不去的。”

« Quand on a des objectifs, quoi qu'il en soit, on peut aller jusqu'au bout. Pourquoi ? Parce que quand on apprend les arts martiaux c'est pénible mais en même temps ça forge l'individu, physiquement, spirituellement et mentalement. Quand vous quittez de là, vous rentrez dans la société, quand vous avez des problèmes du quotidien, c'est rien ça. »

35

罗国辉：中塞羽球情缘

Luo Guohui :

Entraîneur chinois de badminton aux Seychelles

塞舌尔国家羽毛球队总教练

Entraîneur en chef de l'Équipe Nationale de Badminton des Seychelles

罗国辉现任塞舌尔国家羽毛球队总教练。1988 年，曾经是专业羽毛球运动员的罗国辉因伤从中国羽毛球国家队退役，前往贵州省羽毛球队担任教练。7 年后，他被中国羽毛球协会选派赴塞舌尔培养专业羽毛球运动员。

Luo Guohui est aujourd'hui l'entraîneur en chef de l'Équipe nationale de Badminton des Seychelles. En 1988, en raison de ses blessures à répétition, Luo Guohui alors membre de l'Équipe nationale de Badminton de Chine, décida de prendre sa retraite sportive pour devenir entraîneur de l'équipe de badminton de la province du Guizhou. Sept ans plus tard, il fut envoyé par la Fédération chinoise de Badminton pour former des joueurs de badminton aux Seychelles.

"我买了大概很多的方便面、鱼罐头，就是准备了半年的(艰苦的生活)吃的。在飞机上一整晚基本上没有睡好。当我着陆的时候，刚好是早上，我看到蓝蓝的天，蓝蓝的海。在我的印象里面，根本不是我想象的非洲啦。"

« J'avais emporté avec moi un tas de nouilles instantanées et des conserves de poisson, je pensais que cela me suffirait pour au moins six mois. Je n'ai pas dormi de la nuit dans l'avion. L'avion a atterri de bon matin. Le ciel était tout bleu et la mer aussi. Ce n'était pas du tout ce que j'avais imaginé. »

Les Seychelles sont un archipel de 115 îles, situées dans l'océan Indien. Entouré par une mer azure et des plages de sable blanc, le pays est célèbre pour sa beauté hors du commun et ses paysages de cartes postales. Parmi la vingtaine de membres de l'équipe nationale des Seychelles, on retrouvait entre autres des ouvriers, des employés de bureau, des marins, des chauffeurs ou encore des médecins. Ils s'entraînaient seulement trois jours par semaine pendant deux heures. En tant que premier entraîneur professionnel chinois de badminton à avoir été envoyé aux Seychelles, Luo Guohui a rencontré de nombreuses difficultés à son arrivée.

塞舌尔是坐落在印度洋上的一个群岛国家，由115座岛屿组成。塞舌尔拥有碧蓝的大海和白色的沙滩，风景极为优美独特。塞舌尔国家羽毛球队20多名成员中，有工人、秘书、船员、司机、医生等等。他们每周只训练3次，每次2小时。作为第一个被派往塞舌尔的中国专业羽毛球教练，上任伊始，罗国辉遇到了不少困难。

"他们特别是前三名的运动员有点看不起我们中国教练的感觉。因为当时我能打，我说把前六名你给我排成队，我从第一名开始跟他们对干，单打嘛。我后面看他们那个水平实在是太差了，我玩得他们是上身缺氧，下身缺钙。第一个玩完以后，那个拍子啊。他们没想到这个老教练还有这么厉害。"

« Leurs trois meilleurs athlètes méprisaient un peu les entraîneurs chinois. À l'époque j'étais à mon meilleur niveau, j'ai alors demandé aux six meilleurs joueurs de former une équipe, et je les ai affrontés tour à tour. J'ai tout de suite constaté que leur niveau était très faible. Après le premier round, ils étaient tous hors d'haleine. Aucun d'entre eux ne s'est alors imaginé qu'un vieil entraîneur puisse être aussi fort. »

羽毛球对训练环境要求比较高，而在塞舌尔，只有一个球馆能提供符合要求的训练场地。运动员出身的罗国辉，一直保持着睡午觉的习惯。

Le badminton est un sport qui requiert des conditions d'entraînement de très haute qualité. Mais aux Seychelles, on ne trouvait qu'un seul gymnase répondant à ces exigences particulières. En tant qu'ancien sportif, Luo Guohui a gardé l'habitude de faire la sieste.

"我当初没有车。因为我要走几十分钟，所以我就是提前买一个饭盒，在吃完以后，我差不多睡了两年的卫生间（更衣间），为了出成绩。"

« À l'époque je n'avais pas encore de voiture. Il fallait des dizaines de minutes pour aller au gymnase à pied, j'achetais donc à l'avance mon déjeuner, et après avoir mangé je me reposais dans les vestiaires. J'ai dormi presque deux ans dans les vestiaires afin de produire de bons résultats. »

罗国辉的付出很快就获得了回报。两年后的岛国运动会上，塞舌尔国家羽毛球队一举拿下 4 块奖牌。2008 年，塞舌尔国家羽毛球队更是历史性地入围了北京奥运会。

Les efforts de Luo Guohui ont très rapidement été récompensés. Deux ans après son arrivée, l'équipe nationale de Badminton des Seychelles a raflé quatre médailles aux Jeux des îles de l'océan Indien. En 2008, elle est même historiquement parvenue aux finales des Jeux Olympiques de Beijing.

"当我迈入那个场地，因为很难参加，知道人生一辈子可能就这一次能够如愿以偿，能够参加这样大的赛事，而且又在自己的祖国。当时在飞回来的时候，有一晚上没睡好，所以这是我最难忘的，这个一辈子也难忘。"

« Quand je suis entré sur les terrains du site olympique, je me suis alors dit que je n'aurais qu'une seule chance dans ma vie de participer à une telle compétition, et surtout dans mon pays d'origine. La veille de notre retour je n'ai pas fermé l'œil de la nuit, je n'étais excité rien qu'à l'idée d'avoir vécu une chose aussi mémorable dans ma vie. »

罗国辉在塞舌尔不仅获得了事业上的成功，还收获了爱情。他现年 16 岁的中塞混血儿子每天都参加训练，努力成长为一名专业羽毛球运动员。罗国辉回国后，塞舌尔的羽毛球运动员每年都会来中国参加集训。罗国辉还在积极筹备在深圳建设中非青少年培训基地，希望可以让更多的非洲青少年来中国学习羽毛球和中国文化，培养中非文化交流的使者。

Les Seychelles ont permis à Luo Guohui de réussir non seulement sur le plan professionnel, mais lui ont également permis de trouver l'amour. Son fils métis âgé aujourd'hui de 16 ans, s'entraîne tous les jours pour devenir joueur de badminton professionnel. Après son retour au pays, l'équipe nationale de badminton vient retrouver Luo Guohui chaque année en Chine pour participer à des séances de formation. Il prépare aujourd'hui activement la construction de la base d'entraînement des jeunes athlètes chinois et africains à Shenzhen, dans l'espoir de permettre à plus d'adolescents africains d'apprendre à jouer au badminton tout en les sensibilisant aux échanges entre les deux cultures.

"因为这个地方是我曾经出成绩的地方，就是你在哪里成就一件事情，你一定对它有依恋，一定对它有怀念。"

« J'ai obtenu des résultats dans cet endroit, et là où vous réussissez une chose, vous êtes alors attaché à cet endroit et vous y penserez toujours. »

36 Martyn Davies:

马丁·戴维斯：南非的"中国通"

Un Sud-africain fin connaisseur de la Chine

南非前沿咨询公司首席执行官

Directeur général de Frontier Advisory

从 20 世纪 90 年代到现在，马丁·戴维斯——南非前沿咨询公司首席执行官、约翰内斯堡大学教授、金砖国家经济智库成员——来中国有两三百次了。最频繁的那一年，他来了中国 30 多次。

Depuis les années 90 du 20e siècle, Martyn Davies, directeur général de Frontier Advisory, professeur à l'Université de Johannesburg, et membre du groupe de réflexion d'économie des BRICS, a visité la Chine des centaines de fois. Il lui arrive d'effectuer une trentaine de visites dans le pays, en seulement une année.

“我对中国的所有事情都非常感兴趣。我还是个少年的时候，就去过中国南方的深圳和广州，我记得应该是 1992 年或者 1993 年的时候。从那时起，我就被中国的发展所吸引，因此研究中非经济、贸易成为我此生学习和事业的方向。”

« Tout ce qui concerne la Chine me fascine. Quand j'étais jeune, j'ai visité Shenzhen et Guangzhou dans le Sud de la Chine. Je me rappelle que c'était en 1992 ou 1993. Et depuis, j'ai toujours été attiré par le développement qui se produit en Chine. C'est pour ça que j'ai choisi l'économie et le commerce sino-africains pour mes études et ma carrière. »

1992 年，中国政府正式提出了建立社会主义市场经济体制的改革目标。此后，世界见证了这一经济体制给中国社会带来的全方位变化。20 多年过去了，中国与南非的贸易往来突飞猛进，两国的贸易联系日益紧密。截至 2015 年，中国连续 7 年成为南非最大的单一贸易伙伴。马丁·戴维斯亲眼见证了中国与南非贸易日新月异的变化。

En 1992, le gouvernement chinois a officiellement fixé l'objectif des réformes : la mise en place d'un régime économique de marché socialiste. Des changements apportés par ce régime dans tous les domaines se sont révélés. Après une vingtaine d'années, le volume commercial entre la Chine et l'Afrique du Sud a beaucoup augmenté. Les liens commerciaux entre les deux pays sont devenus de plus en plus étroits. Jusqu'en 2015, la Chine a été le premier partenaire commercial de l'Afrique du Sud durant sept années consécutives. Martyn Davies a été témoin des changements prodigieux de ce commerce bilatéral.

“1993 年，中国第一次派贸易代表团来南非。当时中国与南非的贸易非常有限。没有人能够预测到，短短的 15 年后，中国能够成为非洲最大的贸易伙伴，以及南非最大的单一贸易伙伴。”

« En 1993, la première délégation chinoise du commerce est venue dans mon pays. Elle venait du Guangdong. Le volume commercial entre nos deux pays était très bas à l'époque. Personne ne pouvait prévoir que, en seulement 15 ans, la Chine deviendrait le partenaire commercial le plus important de l'Afrique et de l'Afrique du Sud. »

2011年，南非成为新兴经济体联盟——"金砖国家"的一员。自此，除了巴西、俄罗斯、印度和中国以外，金砖国家迎来了一位新成员。这5个新兴经济体之间，既有合作，也有竞争。用马丁·戴维斯的话来说，金砖国家是地缘政治合作伙伴和地缘经济竞争对手，中国与南非之间也是一样。

En 2011, l'Afrique du Sud est devenue membre du groupe des économies émergentes - les «BRIC». Depuis lors, outre le Brésil, la Russie, l'Inde et la Chine, les BRIC sont devenus BRICS. Entre ces économies émergentes, il existe à la fois coopération et concurrence. Selon Martyn Davies, les BRICS sont des partenaires géopolitiques et des concurrents géoéconomiques, et c'est la même chose pour la Chine et l'Afrique du Sud.

"我认为在一些领域，比如电信业、造船业，还有许多其他行业，中国和南非两国企业是竞争对手。但与此同时，中国经济正在寻求新的平衡，将经济增长从投资驱动转移到消费驱动。这也会给南非从事服务业的公司创造新的机会。看看那些来非洲旅游的中国游客，这都是新的机会。随着中国经济的再平衡，两国存在着竞争的压力，但也在多个领域创造了许多新的机遇。"

« Je pense que dans certains domaines, tels que les télécommunications, la construction navale, la concurrence est acharnée pour les entreprises de nos deux pays. Mais dans le même temps, l'économie chinoise cherche un nouvel équilibre. La croissance économique est passée d'une croissance tirée par les investissements à une croissance tirée par la consommation. Cela représente des opportunités pour les entreprises de services d'Afrique du Sud. Regardez par exemple les touristes chinois en Afrique, il existe vraiment de nouvelles opportunités. Donc avec le nouvel équilibre de l'économie chinoise, il y a des pressions concurrentielles qui demeurent. Mais cela crée également de nouvelles opportunités dans différents secteurs. »

马丁·戴维斯的兴趣不仅仅局限于经济领域，他还积极促进中南两国的文化交流。2004 年 6 月，他创建了南非西开普省斯坦陵布什大学中国研究中心，该中心致力于中非关系研究。中心下设的孔子学院是非洲第一所孔子学院，已成为推广中国文化、进行汉语教学的基地。20 多年过去了，马丁·戴维斯始终对中国的一切抱着强烈的兴趣。

Les intérêts de Martyn Davies ne se limitent pas au domaine économique. Il participe activement à la promotion des échanges culturels entre la Chine et l'Afrique du Sud. Il est fondateur du centre de recherche sur la Chine de l'Université de Stellenbosch dans la province du Cap Occidental en Afrique du Sud. Créé en juin 2004, le centre se focalise sur des recherches sur les relations sino-africaines. L'institut Confucius du centre est le premier institut d'Afrique, qui sert de base à la promotion de la culture chinoise et l'apprentissage de la langue chinoise. Il y a vingt ans qu'il a visité la Chine, mais Martyn Davies reste toujours curieux de tout ce qui touche à la Chine.

“我和中国结缘 20 多年了，我对中国的兴趣依旧，初心未变。我一直对所有和中国、非洲相关的事情非常感兴趣。这对我个人和我的职业发展都很重要。”

« Après plus de deux décennies, je suis toujours aussi fasciné par la Chine. Je suis toujours curieux de toutes choses concernant la Chine et l'Afrique. C'est extrêmement gratifiant, tant sur le plan professionnel que personnel. »

37

Mohsen Ferjani:

穆赫森·法尔加尼：在阿拉伯的土地上绽放汉语之美

Pour que la beauté de la langue chinoise s'épanouisse en terres arabes

埃及艾因夏姆斯大学中文系教授

Professeur émérite de chinois à l'Université Ain Shams

《论语》《道德经》《战国策》……读懂这些古文典籍对很多中国人来说都是个挑战，然而在遥远的埃及，却有人把它们翻译成了阿拉伯语，为那里的读者打开了一座中国古典文化的宝库。

« Les entretiens de Confucius », «Livre de la Voie et de la Vertu », ou encore « Les stratagèmes des Royaumes combattants » … Ces textes anciens restent encore un mystère même pour bon nombre de Chinois. Cependant, loin d'ici, en Égypte, un homme a cru bon de les traduire afin de dévoiler tous les secrets de la culture classique chinoise aux lecteurs arabes.

“当我将那些中文书籍翻译成阿语的时候，我不仅很享受翻译的过程，而且很享受用心感受这些文字内涵的过程。我会想象这些文字所描述的场景，这些画面就浮现在我的脑海中，就像它们真实存在于我眼前一样。每次当我翻译中文书籍的时候，我都会先用心去感受那些文字蕴含的内容，然后才开始下笔翻译。”

« Quand je traduis ces livres chinois en arabe, j'apprécie non seulement le processus de traduction, mais je profite également de l'instant pour ressentir pleinement le sens de chacun des caractères. Je fais en sorte d'imaginer dans mon esprit ce qu'ils décrivent et les images qu'ils représentent. C'est comme s'ils existaient là, en face de moi. À chaque fois que j'ai affaire à des textes chinois, je prends vraiment le temps de ressentir leur contenu avant de débuter leur traduction. »

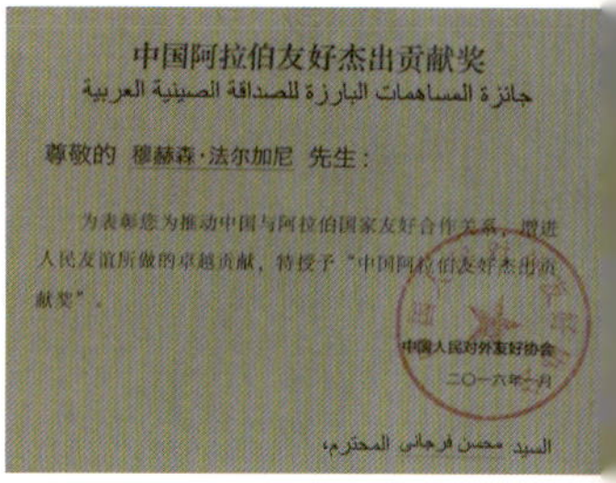
中国阿拉伯友好杰出贡献奖
جائزة المساهمات البارزة للصداقة الصينية العربية

尊敬的 穆赫森·法尔加尼 先生：

为表彰您为推动中国与阿拉伯国家友好合作关系，增进人民友谊所做的卓越贡献，特授予“中国阿拉伯友好杰出贡献奖”。

中国人民对外友好协会
二〇一六年一月

السيد محسن فرجاني المحترم،

穆赫森·法尔加尼，艾因夏姆斯大学中文系教授，长期致力于中国文学的研究和翻译。上初中时，法尔加尼读到一本由美国记者撰写的关于中国的书，引起了他对中国强烈的好奇心。后来他还读了中国末代皇帝的回忆录。怀着对中国文化的热爱，法尔加尼终于等到了一个正式学习汉语的机会。1977 年，埃及恢复了停办多年的汉语教学，法尔加尼毅然报了名。

Cet homme n'est autre que Mohsen Ferjani, professeur émérite de chinois à l'Université Ain Shams, qui a consacré toute sa vie à l'étude et à la traduction des plus grandes œuvres de la littérature chinoise. Alors qu'il était encore collégien, Mohsen Ferjani est tombé par hasard sur un livre écrit par un journaliste américain qui a suscité sa curiosité pour la Chine. Il prit même le soin quelque temps après, de lire les mémoires du dernier empereur de Chine. Ce passionné de culture chinoise allait enfin pouvoir officiellement apprendre le chinois quelques années plus tard. En 1977, l'Égypte restaura l'enseignement du chinois qui avait été alors suspendu pendant des années. À l'époque, le jeune Mohsen Ferjani était résolu à s'y inscrire.

"高中毕业以后，我得知艾因夏姆斯大学开设了中文系，我几乎立刻就去递交了入学申请。说实话，在那之前我并不打算学习外语专业的，因为我的理想是考古学。但是当我得知开设了中文系，我立马就去报了名。就这样，我开始学起了汉语。"

« À la fin de mes études secondaires, j'ai appris que l'Université Ain Shams avait ouvert un département du chinois. Je suis allé presque immédiatement soumettre ma demande d'admission. Pour être honnête, je n'avais pas l'intention à l'époque d'étudier les langues étrangères, j'étais davantage intéressé par l'archéologie. Mais quand j'ai appris qu'un département du chinois allait ouvrir, je n'ai pas hésité à aller m'inscrire. Et c'est ainsi que j'ai commencé à apprendre le chinois. »

为了圆自己的中国翻译梦，自1987年起，法尔加尼曾11次来中国进修中文。几十年来，法尔加尼翻译了大量中国古籍。同时，他对中国现当代文学也十分感兴趣。2012年，中国作家莫言获得诺贝尔文学奖。他对莫言产生极大的认同感，于是开始翻译莫言的作品。

Afin de réaliser son rêve de traducteur, Mohsen Ferjani est venu 11 fois en Chine depuis 1987, pour se perfectionner en langue. Au cours de ces dernières décennies, Mohsen Ferjani a certes traduit quantité de textes chinois anciens, mais il est resté tout autant passionné par la littérature chinoise contemporaine. En 2012, l'écrivain chinois Mo Yan a remporté le prix Nobel de littérature. Mo Yan est l'écrivain chinois auquel Mohsen Ferjani s'identifie le plus, ce qui l'a poussé à traduire plusieurs de ses oeuvres.

"莫言吧，我非常欣赏他的作品。这或许和我童年的经历有关。小时候我在乡下待过很长一段时间，很早我就知道乡村生活是什么样了。当我读到莫言作品时，就会不由自主地回忆起童年那段乡村生活。我想在这点上我们或许有同感。"

« Je suis un grand admirateur des romans de Mo Yan, et peut-être que cela est dû au parcours de mon enfance. J'ai en effet passé une grande partie de mon enfance à la campagne. Très tôt, j'ai appris tous les aspects de la vie de paysan. Ainsi, quand je lis les romans de Mo Yan, je ne peux pas m'empêcher de penser à ma propre enfance passée à la campagne. Je crois qu'il s'agit là d'un trait psychologique que nous partageons. »

2016 年，法尔加尼获得了"中国阿拉伯友好杰出贡献奖"，鼓励他在翻译中国图书和促进中阿文化交流方面做出的重大贡献。

En 2016, Mohsen Ferjani s'est même vu décerner le prix de «La contribution exceptionnelle pour l'amitié sino-arabe» en récompense de ses longs efforts de traduction, et de promotion des échanges culturels entre la Chine et le monde arabe.

“我认为翻译是一种最好的方式，让阿拉伯读者来和我一起了解中国。在翻译过程中，我把自己对中国的印象和感情修正得更加客观，并将它们传递给阿拉伯人民。对我来说，翻译就是这样。”

«Je considère la traduction comme le meilleur moyen pour les lecteurs arabes, mais aussi pour moi-même, de mieux comprendre la Chine. Lorsque j'entreprends un travail de traduction, je fais en sorte de prendre du recul sur l'image et la relation que j'entretiens avec la Chine afin de ne pas altérer mon effort de transmission aux lecteurs arabes. C'est comme cela que j'envisage mon travail de traducteur. »

作为一名翻译家，法尔加尼始终不忘初心。他愿在阿拉伯的土地上绽放汉语之美。

En tant que traducteur, Mohsen Ferjani n'a pas oublié sa motivation première, à savoir, faire s'épanouir la beauté de la langue chinoise sur les terres arabes.

38

Mulatu Teshome:

穆拉图 · 特肖梅：从中国留学生中走出的埃塞俄比亚总统

Le président éthiopien, un ancien étudiant en Chine

埃塞俄比亚总统
Président éthiopien

穆拉图 · 特肖梅，埃塞俄比亚总统。他曾经在中国学习生活长达 12 年之久，对中国有着深厚情谊。他是中非友好的见证人，也是中国人民的老朋友。

Mulatu Teshome est le président de l'Éthiopie. Il a vécu et étudié en Chine pendant 12 ans et éprouve un grand attachement envers ce pays. Il est le témoin de l'amitié sino-africaine, ainsi que l'ami du peuple chinois.

"每个埃塞俄比亚的学生来到中国学习，完成学业后回到自己的国家，都可以成为两国友谊的真正桥梁。"

« Tous les étudiants qui vont en Chine pour parfaire leur éducation et reviennent au pays après leur diplôme sont de véritables ponts de l'amitié entre les deux pays. »

1976 年，年仅 21 岁的穆拉图来到中国留学，首先到北京语言大学学习汉语。他勤奋好学，6 个月后，就已经能够用中文流利与周围人交流。

En 1976, âgé de 21 ans, Mulatu Teshome est parti étudier le chinois à l'Université des langues de Beijing. Studieux, il pouvait déjà s'exprimer en chinois avec son entourage seulement six mois plus tard.

"老师们给了我们很多帮助，对我们要求也很严格。如果背不出新单词，老师是不会让我们下课的。我们非常热切地想了解这里的文化，了解这里的人民和语言，这一切我都记忆犹新。"

« Les professeurs nous ont beaucoup aidés. Ils ne nous laissaient jamais partir sans avoir mémorisé le nouveau vocabulaire. Notre soif de culture, de connaître les gens et la langue est encore fraîche dans ma mémoire. »

一年后，熟练掌握中文的穆拉图进入北京大学哲学系读本科。毕业后继续在北大国际政治系攻读硕士和博士。这为他未来的政治生涯奠定了基础。

Un an plus tard, Mulatu a été admis par la faculté de philosophie de l'Université de Beijing, pour poursuivre ses études en licence. Il s'est d'ailleurs réorienté en politique internationale pour y poursuivre un master et un doctorat. C'est ainsi qu'il a posé les bases de sa carrière politique.

"我的学习经历成就了今天的我。不仅仅是通过阅读当代政治、国际政治、哲学、经济等各类书籍让我受益良多，当时身处的时代也给我带来很大影响。"

« Je suis passé par tout un processus pour arriver à ça. À travers la lecture, pas seulement de politique contemporaine ou de politique internationale, ou encore de philosophie et d'économie mais aussi par la réalité objective dans laquelle nous vivons. »

2013年穆拉图当选埃塞俄比亚第四任总统，并将中国作为就任总统后出访的首个国家。几个月后，穆拉图总统来到中国进行国事访问。中国国家主席习近平为他举行欢迎仪式，并和他就双方关心的问题进行了亲切友好的会谈。

En 2013, Mulatu est devenu le 4ème président de l'Éthiopie et a choisi la Chine pour sa première visite officielle. Quelques mois plus tard, il a réalisé en Chine une visite d'État. Le président chinois Xi Jinping a tenu en son honneur une cérémonie d'accueil, et tous deux ont pris part à des discussions.

"国际和平和安全，是埃塞俄比亚关心的问题，也是中国关心的问题。"

« Ils appellent à une quête pour la paix et la sécurité internationale, ce qui est dans l'intérêt de l'Éthiopie et dans l'intérêt de la Chine. »

2014 年，中国医疗队在一个月内为 300 多位埃塞俄比亚白内障患者免费实施复明手术，李克强总理和穆拉图总统一起去看望了手术后的病人。2015 年，由中国中铁承建的亚的斯亚贝巴城市轻轨正式通车，标志着埃塞俄比亚进入"现代城市轨道交通"新时代。穆拉图总统表示要进一步加强中埃两国各个领域的合作关系。

En 2014, en l'espace d'un mois, une équipe médicale chinoise a opéré plus de 300 personnes de la cataracte. Le Premier ministre chinois Li Keqiang et le président Mulatu ont rendu visite ensemble aux patients. En 2015, China Railway Group Limited a construit le premier tramway de la capitale Addis-Abeba, la faisant entrer dans la modernité dans le domaine des transports urbains. Le président Mulatu souhaite renforcer la coopération sino-éthiopienne dans tous les domaines.

"在保护环境、寻求经济发展和消除贫困等问题上，我们有着共同的目标。在这些领域上我们两国可以共同努力。"

« Quand il s'agit de la protection de l'environnement, quand il s'agit de rechercher le développement économique et d'éradiquer la pauvreté, nous avons des objectifs communs. Ce sont des domaines dans lesquels les deux pays peuvent oeuvrer ensemble. »

39

夏瑞馥：Mwamaka Shariff:
肯尼亚的中国人后裔
Les racines chinoises d'une jeune Kenyane

肯尼亚中国人后裔
Descendante chinoise du Kenya

肯尼亚拉穆群岛一直流传着一个传说。600 年前有一艘中国商船在那里触礁沉没，船上 20 多个幸存的中国水手登上帕泰岛的上家村，与当地人联姻，繁衍子嗣，就此定居下来。后来村子被毁，幸存的人远走他乡，一部分到达了西屿村。中国驻肯尼亚使馆和一些中国记者前往调查采访后发现，西屿村住着一户人家，长得颇像中国人。

Une légende circule depuis longtemps sur l'île de Lamu, au Kenya. Il y a 600 ans, un navire marchand chinois aurait échoué au large de ces îles. 20 marins auraient escaladé l'île de Pate pour se rendre dans le village de Shanga. Ils y auraient été si bien accueillis qu'ils se seraient mariés avec des femmes du village. Plus tard le village a été détruit et les survivants se sont installés dans d'autres villages dont celui de Siyu. L'ambassade de Chine au Kenya et la presse chinoise ont effectué des enquêtes et des visites. Elles sc sont alors rendues compte que les membres d'une famille du village de Siyu ressemblaient quelque peu à des Chinois.

“我姥姥一直跟我们说我们是中国人的后裔。很久以前，中国人穿过印度洋来到肯尼亚，他们的船沉了，幸存者来到岛上跟当地人结婚。所以今天我们就在那里生活了。”

« Notre grand-mère nous racontait souvent des histoires sur le fait que nous sommes des descendants de Chinois. Il y a très longtemps, des Chinois sont venus au Kenya par l'océan Indien, et plusieurs de leurs bateaux ont coulé, certains se sont installés sur l'île et se sont mariés avec des habitantes locales. C'est la raison pour laquelle nous sommes là-bas aujourd'hui. »

夏瑞馥的妈妈姓谢，一个典型的中国姓氏。家里还保留着中国瓷碗和其他中国物件。虽然并无科学论断证明，但是帕泰岛的几户人家坚称自己是中国人后裔。他们的长相跟当地人略有不同。根据中国历史记载，明朝官员郑和七次下西洋，于 1415 年抵达今天肯尼亚的马林迪和蒙巴萨。而拉穆群岛是郑和船队前往这些东非城市的必经之路。1999 年，美国《纽约时报》记者纪思道采访了帕泰岛上的中国人后裔，并推想他们可能是郑和部下的后裔。2004 年夏瑞馥向中国驻肯尼亚使馆申请奖学金到中国留学。在使馆的帮助下，她 2005 年来中国学习汉语和医学。

Le nom de jeune fille de la mère de Shariff est Shee, un nom de famille typiquement chinois. On retrouve dans sa maison un bol ancien en porcelaine chinoise et d'autres objets chinois. Même si l'on ne peut prouver ces faits, plusieurs familles de l'île de Pate se considèrent comme des descendants de Chinois. Ils ne ressemblent pas trop aux autres villageois. Selon les écrits historiques de la Chine, sous la dynastie Ming, le fonctionnaire Zheng He et ses marins ont effectué à 7 reprises des expéditions maritimes dans l'océan Indien. En 1415, ils ont débarqué à Malindi et à Mombasa. L'île de Lamu était le passage obligé de la flotte de Zheng He vers ces deux villes d'Afrique de l'Est. En 1999, le journaliste Nicholas Kristof du journal américain New York Times a fait un reportage sur les descendants chinois de l'île de Pate, qui selon lui sont les descendants des marins de Zheng He. En 2004, Shariff a demandé une bourse d'études de l'ambassade de Chine au Kenya pour aller étudier dans une université chinoise. Grâce à l'aide de l'ambassade, elle est venue en Chine en 2005 pour apprendre le mandarin et la médecine.

"我觉得自己很幸运。因为郑和船队，我来到中国，真正了解了中国人。我是家里第一个来中国的，非常幸运。我希望更多家人能来，能看到和感受到我经历的一切。"

« Je me sens chanceuse d'avoir parcouru tout ce chemin. Tout a commencé avec Zheng He et ses bateaux, et finalement je suis venue en Chine, j'ai vraiment appris à connaître les Chinois. Je suis chanceuse, je suis la première de ma famille à venir ici. Davantage d'autres pourraient venir ici, voir, ressentir et vivre les expériences que j'ai connues. »

夏瑞馥在南京学习了两年汉语和8年中西医。目前她在武汉读医学博士一年级。博士毕业后，她打算回肯尼亚偏远地区当个老师或者医生，回报家乡。

Shariff a étudié 2 ans le mandarin et 8 ans la médecine à l'Université de Médecine chinoise de Nanjing. Elle est à présent en première année de doctorat de médecine dans la ville de Wuhan. Après son doctorat, elle souhaite rentrer au Kenya pour devenir enseignante ou médecin dans des régions reculées.

“这 10 年我在中国学习了很多东西，不光是医学知识，也有其他知识。现在是时候该回家去帮助我国家的人了。我相信家乡人也对我有所期待。我们那里缺少医生，我觉得回去会有很多机会，也应该回去。”

« Je pense qu'au cours de ces 10 années, j'ai beaucoup appris de la Chine. C'est le moment pour moi de rentrer et d'aider les personnes de mon pays. Je suis sûre qu'ils attendent quelque chose de moi. Nous n'avons pas beaucoup de médecins là-bas. Si je rentre, il y aura de meilleures opportunités, je pense que c'est une bonne idée. »

Il y a 600 ans, les ancêtres de Shariff n'ont pu retourner en Chine à cause du naufrage de leur navire. Aujourd'hui, elle est non seulement retournée dans le pays de ses ancêtres mais elle a également appris la médecine traditionnelle chinoise, qu'elle rapportera au Kenya pour tisser ainsi un lien d'amitié entre la Chine et le Kenya.

600 年前夏瑞馥的中国祖先由于海难没能回到祖国，今天她不仅回到了祖先的家，还学习了中医，并将把中医带回肯尼亚，架起中肯友谊的桥梁。

40

纳西瑞：Nashiri Ramazami：布隆迪大叔的医学梦

Rêve chinois d'un médecin burundais

布隆迪留学生

Étudiant burundais à l'Université du Jilin

纳西瑞，中国吉林大学白求恩医学院布隆迪留学生。他曾经在布隆迪首都布琼布拉的医疗中心做过 10 年的接待员. 两年后，他将完成博士学业，成为一名生殖医学专家。

Il s'appelle Nashiri Ramazani. C'est un étudiant burundais à l'Institut de médecine Norman Bethune de l'Université du Jilin, dans le Nord-Est de la Chine. Il a travaillé pendant dix ans comme réceptionniste dans un centre de santé à Bujunbura, la capitale burundaise. Dans 2 ans, une fois terminées ses études de doctorat, il deviendra un spécialiste de la médecine reproductive.

"我见过很多病人。有一天，我的祖母得了很重的病，叫子宫内膜异位症。在我老家，那时候几乎没有医生能够正确诊断这类疾病，她去世了。这件事对我打击很大。我想，如果有很专业的医生，我的祖母现在也许还活着。"

« J'ai connu beaucoup de malades. Un jour, ma grand-mère était gravement malade. C'était l'endométriose. À cette époque-là , il n'y avait pas vraiment de médecins qui pouvaient diagnostiquer ces maladies. Elle est morte de ça. Ça m'a vraiment très choqué. Je me suis dit, s'il y avait des médecins compétents, peut-être ma grand-mère serait en vie aujourd'hui. »

纳西瑞下定决心要出国学习妇产科医学。但没有经济来源的支撑，要完成学业谈何容易。终于在 2006 年，在他中学毕业 10 年后，中国政府奖学金帮他实现了这个梦想。这一年，他作为 1861 名享受该奖学金的非洲留学生之一前往中国。

Nashiri a alors décidé de se rendre à l'étranger pour étudier la médecine gynéco-obstétrique. Mais sans soutien financier, cela n'était pas facile. En 2006, enfin, 10 ans après la fin de ses études en secondaire, grâce à une bourse du gouvernement chinois, il a pu réaliser ce rêve. Comme les 1861 étudiants africains qui ont obtenu la même bourse cette année-là, il est allé en Chine.

"我实在太高兴了。我们是一个法语国家，但我们（中很多人）不能去法国、比利时或者其他法语国家，我们没有机会。但是中国给了我们这个机会。"

«C'était vraiment une joie extrême. Nous sommes dans un pays francophone. On était censés aller en France, ou encore en Belgique, ou dans les pays où on parle français. On n'a pas eu cette occasion. Mais la Chine nous a donné cette opportunité.»

60年来，中非关系愈加紧密，越来越多的非洲年轻人来华求学。尤其是2000年后，中非合作论坛框架下，教育合作成果突出。中国设立了多种奖学金，资助优秀的非洲学生，鼓励他们来华深造，实现梦想。吉林大学白求恩医学院是中国顶级医学学府之一。纳西瑞刚来的时候，这里的本科阶段课程全部用中文上课。在专业知识和中文两个方面，都要从零开始。

Depuis 60 ans, les relations entre la Chine et le continent africain sont plus étroites. De plus en plus d'étudiants africains viennent en Chine pour étudier. Et ce, notamment après l'année 2000 et le Forum sur la cooperation sino-africaine d'où l'on a vu les échanges sino-africains dans l'éducation porter leurs fruits. Davantage de bourses scolaires chinoises ont été accordées aux jeunes africains compétents, pour les encourager à venir étudier en Chine et réaliser leur rêve.

L'Institut de médecine Norman Bethune est l'un des meilleurs établissements d'enseignement dans le domaine de l'éducation médicale en Chine. Quand Nashiri est arrivé, tous les cours professionnels étaient en chinois. En matière de connaissances professionnelles et de langue chinoise, il devait commencer à zéro.

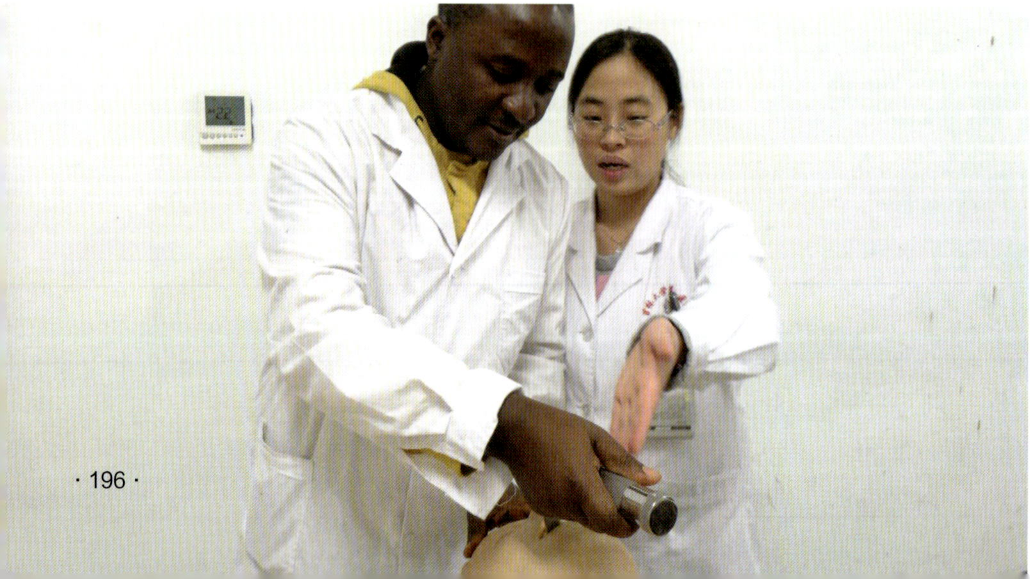

“那时候有些老师的年纪比我还小。当他们问：‘纳西瑞你多大了？’我说：‘我比你还大。’‘啊！’他们特别惊讶！就是这样。我有自己的目标。”

«Il y avait même certains professeurs qui n'avaient pas mon âge. Alors quand ils m'ont demandé :
“Nashiri, toi tu as quel âge ”
“Mais bon. Je suis plus âgé que toi. ”
Ah! Ils s'étonnaient beaucoup! Et c'est comme ça. Moi j'ai vraiment un objectif. »

Face aux exigences scolaires strictes, beaucoup de ses camarades de classe d'autres pays ont abandonné. Mais Nashiri a insisté jusqu'à obtenir son diplôme de licence. À ce moment-là, il aurait pu retourner au Burundi pour devenir médecin généraliste. Mais son ambition ne s'arrêtait pas là. Après avoir réussi à obtenir un diplôme de master, il a continué en 2015 pour étudier un doctorat.

面对严格的课业压力，有一些外国同学放弃了。但纳西瑞依然坚持了下来，拿到本科学位。此时的他可以回到家乡成为一名全科医生。但是他的雄心不止于此。他一口气学完硕士课程，2015 年又考上了博士。

"我做了一个非常棒的选择。在这所大学有很多优秀的老师，感谢他们，现在我成了一个好医生。"

« J'ai vraiment fait un bon choix. Parce que dans cette université, il y a vraiment des professeurs qualifiés. Grâce à eux, aujourd'hui, je suis un bon docteur. »

10 年让他几乎变成了一个长春人。一口流利的东北话几可乱真，让人分辨不出他与本地人的区别。但是家乡仍是他无法割舍的地方。这道菜配上老家的特产当地人叫 foufou 或者“乌咖喱”，香气四溢。这是一位老乡从他的村子 Rumongé 带来的。

Après 10 ans, il est presque devenu un Changchunais. Il est même difficile de distinguer son accent de celui des habitants locaux. Mais son pays natal lui manque toujours. On peut sentir la bonne odeur de la cuisine de sa région avec ce plat traditionnel « foufou » ou « Ukali ». Cette pâte a d'ailleurs été apportée par l'un de ses compatriotes, en provenance de son village, Rumongé.

“在我家村子里，我是第一个专科医生。我的目标是回到家乡，开一个诊所，帮助我的同胞。如果没有中国，我就不会成为现在的这个样子。我也永远不会忘记中国。”

«Je suis le premier médecin spécialiste de mon village. L'objectif est de retourner au pays, ouvrir une clinique, pour aider mon peuple. Sans la Chine, je ne serais pas ce que je suis aujourd'hui. Plus jamais je n'oublierai la Chine. »

41

Pang Xinxing:

庞新星：让非洲百姓看得起数字电视

Que les Africains accèdent à la TV numéqiue

四达时代集团董事长兼总裁

Président-directeur général,StarTimes

2011 年，中国电视剧《媳妇的美好时代》走入了坦桑尼亚的千家万户，一时间火遍这个非洲国家。而播出这部电视剧的平台，是一家叫做四达时代的传媒集团。庞新星，四达时代集团董事长兼总裁，他的非洲情结，就从 2002 年他第一次踏上非洲大地开始。

En 2011, la série télévisée chinoise « Doudou et sa belle-mère » a tenu en haleine pendant des semaines une grande partie des foyers de Tanzanie. Ce n'est autre que le groupe de média chinois StarTimes qui a servi de plateforme de diffusion à cette production originale sur les antennes de ce pays africain. En 2002, Pang Xinxing, président-directeur général du groupe, mettait pour la première fois le pied sur le sol du continent.

"初装费达 200 美元，而且还不包括安装调试。安装调试还要另外收 50 美元。最低的节目包每个月收费 47 美元。"

« À l'époque, les fournisseurs de câbles locaux facturaient l'installation à deux cents dollars, sachant que la mise en service était non incluse, les foyers devaient débourser cinquante dollars en plus. L'abonnement mensuel le moins cher était à quarante-sept dollars. »

这就是数字电视或者付费电视8年前在非洲的收费标准。在中国有线电视行业工作多年的庞新星敏锐地察觉到了其中蕴含的机遇。经过长达 6 年的探索和市场调研后，2008 年 8 月，四达时代集团第一家非洲分公司在卢旺达开业。

Tel était le prix à payer si l'on voulait s'offrir la télévision par câble il y a 8 ans en Afrique. Pang Xinxing qui avait alors derrière lui des années d'expérience au sein de l'industrie du câble en Chine, était pleinement conscient de l'opportunité à saisir. Après six années passées à explorer et étudier le potentiel de ce nouveau marché, le groupe StarTimes fonda au mois d'août 2008 sa première filiale africaine au Rwanda.

“现在一个盒子或者是叫初装费的价格仅仅只有 5 美元，所以几乎每一个非洲家庭，它都能买得起。最普通的数字电视节目包，将近 30 套的节目，每个月的收费只有 2 ~ 3 美元，不同国家可能会有些差别。随着四达非洲业务的不断拓展，其实给非洲数字电视运营市场带了一种新的景象。”

« Les frais d'installation se baissent désormais à seulement cinq dollars, rendant accessible le service à une très grande majorité de foyers africains. Les paquets numériques les plus courants contiennent une trentaine de programmes télévisés, la redevance mensuelle est seulement de deux ou trois dollars, il peut y avoir des différences entre les pays. Avec l'expansion de nos activités en Afrique, c'est l'ensemble du marché des opérateurs de télévision numérique sur le continent qui en a profité. »

让非洲百姓看得起数字电视是庞新星的梦想。到 2016 年，四达时代已经在非洲 30 个国家注册成立公司，在 16 个国家开展运营，付费电视用户超过 700 万户。公司业务覆盖非洲 80% 的人口。面对数量众多的用户，庞新星在调查非洲观众的收视喜好时，发现了一件有趣的事。

Le rêve de Pang Xinxing est de faire en sorte que la télévision numérique est à la portée financière du peuple africain. Aujourd'hui, StarTimes s'est enregistré dans trente pays africains, et travaille déjà dans seize pays répartis sur tout le continent. Le groupe chinois compte désormais plus de sept millions d'abonnés à la télévision payante. Mais l'ensemble de leurs affaires couvre 80% de la population africaine. Face à ce grand nombre de téléspectateurs, Pang Xinxing a découvert une chose surprenante après avoir consulté les résultats de l'enquête menée par StarTimes sur les préférences du public africain.

"当时问的时候说：'你们喜欢中国的电影、电视剧吗？'他们的回答特别让人意外，他们说：'我们都是看着中国电影长大的。'当然这是岁数比较大的，四五十岁的人。'以前中国大使馆（工作人员）经常扛着电影机，到大街上去给大家放电影'。"

« Nous leur avons à l'époque demandé dans notre enquête par questionnaire 'Aimez-vous regarder les films et les séries chinois ?' Leurs réponses étaient surprenantes, la plupart ont répondu 'Nous avons tous grandi en regardant des films chinois'. Il s'agit évidemment des personnes ayant la quarantaine ou la cinquantaine. Les ambassades de Chine avaient à l'époque pour habitude de projeter des films dans des lieux publics. »

如今，非洲观众通过四达时代的平台可以收看440多个频道，其中还包括"中国功夫""中国影视"等专门播放中国电影、电视剧的自办频道。看到播出的中国影视剧在非洲被越来越多观众喜欢，2011年，庞新星决定组建自己的译制队伍，将更多优秀中国影视剧带到非洲。

Aujourd'hui, StarTimes permet aux téléspectateurs africains de regarder plus de quatre cent quarante chaînes, dont plusieurs entièrement consacrées au Kung-fu, ou encore aux films et séries chinois. Devant le succès croissant de ce type de chaînes, Pang Xinxing décida en 2011 de créer sa propre équipe de doublage afin de rendre accessible un plus grand nombre de contenus inédits au public africain.

“原来在译制节目方面，大家都是按分钟算的，但由于我们需要的量太大，所以我们都是按小时来计算。去年我们一共翻译了 4000 多集，其中 2200 集左右是配的音，剩下的 2000 多集是配的字幕。今年我们的计划量是要译制配音 6000 多小时。到明年，我们就能实现年译制产能 1 万小时。”

« À l'origine, nous facturions les doublages à la minute, mais avec l'augmentation importante de la quantité à traiter, nous raisonnons désormais à l'heure. Nous avons doublé l'an dernier un total de plus de quatre mille épisodes, dont deux mille deux cents environ en doublage sonore, et plus de deux mille avec des sous-titres. Cette année, nous envisageons de réaliser plus de six mille heures de doublage. Et l'an prochain, le chiffre atteindra dix mille. »

庞新星不打算就此止步。未来，他希望打造一个全球最好的多语种中国影视平台，向非洲观众打开一扇了解中国的窗口。

Pang Xinxing ne compte pas s'arrêter en si bon chemin. Il espère à l'avenir créer une plate-forme multilingue mondiale, diffusant les meilleurs films et séries chinois, qui pourraient servir d'une véritable fenêtre de découverte et de compréhension de la Chine pour l'ensemble des téléspectateurs africains.

42

Rachid Ferchiou:

拉希德·福修：突尼斯导演的中国梦

Le rêve chinois d'un réalisateur tunisien

突尼斯导演
Réalisateur tunisien

2014年，一部名叫《迦太基茉莉》的电影在张家港举办了开机仪式。这是首部中国与突尼斯共同合作拍摄的电影，这部电影的导演就是拉希德·福修，突尼斯国宝级导演。

En 2014, le tournage du film « Le Jasmin de Carthage » a été lancé dans la ville de Zhangjiagang. Il s'agit de la première co-production cinématographique sino-tunisienne. La personne à l'origine de cette œuvre n'est autre que l'emblématique réalisateur tunisien Rachid Ferchiou.

"我记得我的第一次中国之行是在 1982 年。我惊叹于这个国家：我参观了上海电影制片厂，和电影演员们一起喝茶。给我留下最深刻印象的是上海这座城市，它是如此的美丽，到处都充满着故事，我觉得我就像在梦里一样。"

« Je me rappelle que ma première visite était en 1982, j'étais sidéré par ce pays, j'ai visité le studio de Shanghai. J'ai pris le thé avec certains acteurs. Ce qui m'avait surtout sidéré c'était Shanghai, elle était tellement pleine d'histoire, elle était tellement belle, j'étais comme dans un rêve. »

1982 年的首次中国之行，让拉希德·福修在心中萌生了一个中国梦，他也一直在为实现这个梦做着准备。

En 1982 lors de son premier voyage en Chine, le rêve chinois a tout de suite germé dans le cœur de Rachid Ferchiou, et depuis il s'est constamment tenu prêt à réaliser ce rêve.

"此后我又多次来到中国，每一次我都惊异于中国的变化，我觉得（中突两国）必须要相互了解。突尼斯是一个小国，中国是一个大国，然而中国和突尼斯都拥有悠久的文明，而艺术是拉近两国文化的最佳方式，因此我决定拍一部电影。"

« J'ai refait quelques visites après en Chine et chaque fois j'étais impressionné par ce pays et j'ai dit c'est le pays où il faut absolument rapprocher les deux cultures. Nous, on est un petit pays et la Chine, un grand pays, mais on a deux grandes cultures. Et le meilleur vecteur pour rapprocher ces civilisations c'est toujours l'art, donc j'ai décidé de faire un film. »

Invité d'honneur du Festival du Film de Shanghai de 2008, Rachid Ferchiou était venu présenter son film "L'accident", qui avait été chaleureusement accueilli par le public chinois. Un mois avant la cérémonie d'ouverture du festival, un tremblement de terre de magnitude 8 s'était produit à Wenchuan .Témoin de la catastrophe, le réalisateur tunisien a pu constater par lui-même la ténacité et le courage du peuple chinois.

作为2008年上海电影节的受邀嘉宾，他带来了电影新作《L' accident》，受到观众的热烈欢迎。就在电影节开幕前一个月，汶川发生了8.0级大地震，这位突尼斯导演目睹了这场灾难，同时他也看到了中国人民的坚强与勇敢。

“这是一个对中国人民来说异常困难的时刻。但是更让我感到震惊的是，中国人在面对这场灾难时所表现出来的团结，那种散发着人类光辉的战胜困难、重建家园的顽强精神让我尤为欣赏。”

« Et j'ai vu dans la population, c'était un moment très difficile et j'étais sidéré de voir cette solidarité et cette volonté des Chinois de se relever, de se ressaisir et surtout que la chose continue. Et j'ai adoré ce côté humain. »

拉希德·福修说，在中国拍摄一部电影是他的梦想。2014 年，中国和突尼斯建交 50 周年之际，他实现了自己的中国梦。

Réaliser un film en Chine est depuis toujours le rêve de Rachid Ferchiou. En 2014, à l'occasion du 50e anniversaire de l'établissement des relations diplomatiques entre la Chine et la Tunisie, son rêve devint enfin réalité.

"通过这部电影我想向观众传达一种文化间的交流。所以我选择了一个小故事：一位年轻的突尼斯姑娘来中国寻找父亲的故事，电影展示了中国的悠久历史与秀美风光。这就是我想传递的，让更多的人了解中国文化。"

« Je voulais passer mon message culturellement donc j'ai choisi une petite histoire de nostalgie, l'histoire d'une jeune fille à la recherche de son père en faisant un voyage à travers la Chine, pétrie d'histoire, pleine de beauté, pleine de culture et j'ai dit je m'arrête là, juste pour faire connaître les cultures. »

中国与突尼斯的电影人们，正在努力探索合作，用电影人的方式，促进着两国间的理解和交流。

Les cinéastes chinois et tunisiens tentent à leur manière d'explorer une nouvelle forme de coopération afin de donner un nouvel élan à la compréhension et aux échanges entre les deux pays.

"我的这部电影就好像打开了一个小小的窗口，让我们看到一种（合作的）可能性，就好像我伸出一只手，你也伸出一只手，我们相互帮助，一起合作。因此我希望更多的电影人，特别是非洲的导演和制片人，能够像我一样与中国合作（实现自己的梦想）。"

« Mon film n'est qu'un vecteur. Ça veut dire c'est une petite lucarne que j'ai ouverte pour qu'on puisse déjà voir que c'est possible si on tend la main, on peut avoir une autre main qui t'attend et on peut s'entraider. Donc je donne au moins un espoir à plein de gens, de cinéastes, de créateurs africains, en espérant que demain ils peuvent faire comme moi. »

43

任力之：中非未来设计师

Ren Lizhi: Architecte de l'avenir sino-africain

同济大学建筑设计研究院（集团）有限公司副总裁、总建筑师

Vice-président, architecte en chef, Tong Ji Architectural Design Group

我们的主人公，即将前往中国最高的建筑——环球金融中心。

Notre héros est sur le point de visiter le plus haut bâtiment de Chine – le World Financial Center.

“不！我要去上海中心大厦，这个目前才是中国最高的建筑！”

« Non, je veux aller à la Shanghai Tower, qui est actuellement le plus grand bâtiment de Chine. »

任力之，中国同济大学建筑设计研究院总建筑师，埃塞俄比亚非盟总部大厦总设计师。当年为了完成父亲的梦想，他选择成为建筑师，求学之路曾遍布欧洲。

Ren Lizhi, architecte en Chef de l'Institut d'Architecture de l'Université Tongji de Shanghai, fut également celui du bâtiment du siège de l'Union africaine en Éthiopie. Afin de réaliser le rêve de son père, il emprunta la voie de l'architecture, qui l'emmena notamment étudier en Europe, surtout à Paris.

"2007 年，我们的团队参加了一项非常重要的关于建设非盟会议中心的竞标活动。然而我们之前并没有在非洲设计这样一栋高大建筑的经验，这对我们而言难度很大。"

« C'était en 2007, nous avons été invités à participer à un appel d'offres très important pour le projet de centre de conférences de l'Union africaine. Notre équipe n'avait pas d'expérience pour construire un tel bâtiment en Afrique. C'était alors vraiment difficile pour nous. »

为了拿下这个项目，任力之和他的设计团队邀请了在同济学习的非洲学生为设计方案提建议，同时也研究了非盟的历史、运作机制。经过 3 轮角逐后，最终他们的方案从 40 多份竞争方案中脱颖而出。

Afin de remporter le projet, Ren Lizhi et son équipe d'architectes invitèrent les étudiants africains faisant leurs études à l'Université Tongji à apporter leur contribution à travers des conseils de conception, et prirent également le soin d'étudier l'histoire et le mécanisme du fonctionnement de l'Union africaine. Après les trois tours de sélection, leur projet se distingua finalement parmi plus de 40 projets concurrents en course.

“这个优势应该是比较综合的，首先是我们的功能很合理，真正体现了非盟委员会对项目的需求。我们设计的理念是中非携手，促进非洲腾飞，在造型上有一种向上腾飞的势态，非常的朝气蓬勃的一种动感的势态，这个也是获得了大家比较好的评价。”

« Nous avions un avantage assez complet par rapport aux autres projets, le nôtre présentait avant tout les fonctionnalités les plus raisonnables, et reflétait les vrais besoins exprimés par la Commission de l'Union africaine. Par ailleurs, sa philosophie générale s'inscrivait en harmonie avec la promotion des relations sino-africaines, à travers la représentation d'un décollage sous la forme d'un élan vers le haut, accompagné d'une dynamique vivante. Cela nous a permis d'obtenir une majorité de suffrages favorables. »

从开始设计到大楼建成，历时5年，任力之与他的团队为非盟会议中心殚精竭虑。

De la conception à la livraison finale du bâtiment, Ren Lizhi et son équipe travaillèrent sans relâche pendant cinq années consécutives pour mettre sur pied le nouveau siège de l'Union africaine.

“有一次去现场工作，每天晚上开会开到11点以后，在埃塞俄比亚肾结石发作，人简直非常痛苦，同事们把我送到一位当地的中国医生扎针灸帮我解除疼痛。还去当地的医院做一些处理。就是这样，我们还是把工作坚持下来，完成好才回国。”

« Pendant une certaine période, nous travaillions directement sur le site, nos réunions se finissaient toujours après 23 heures. En Éthiopie, je souffrais horriblement des reins, mes collègues ont même dû m'emmener chez un médecin chinois pratiquant l'acupuncture afin qu'il me soulage de la douleur. Je me suis aussi rendu après dans les hôpitaux locaux pour effectuer des examens. Mais malgré cela, nous avons continué de mener notre tâche jusqu'à notre retour en Chine. »

非盟总部整栋大楼所有的装饰材料都是从中国加工好之后运到埃塞俄比亚。尽管项目施工时间紧，要求高，任力之的团队还是克服了这诸多困难，最终于 2011 年 12 月，实现非盟总部大厦正式竣工。

L’ensemble des matériaux utilisés pour la construction et la finition de l’édifice ont tous été transformés en Chine avant d’être expédiés en Éthiopie. Malgré un calendrier serré et d’innombrables exigences, Ren Lizhi et son équipe surmontèrent une à une les nombreuses difficultés. En décembre 2011, ils achevèrent officiellement le bâtiment du siège de l'Union africaine.

“我得到的对个人的启发：这个项目表现的中国和非洲人民的友谊，中国政府表现出的诚信、责任心。或是用三个英文单词概括 Integrity，Responsibility，and Consideration，这三个方面充分反映了中国人民赋予非洲人民这一礼物的含义。”

« J’en ai reçu cette inspiration personnelle: ce projet illustre à la fois l'amitié entre les peuples chinois et africains, et démontre également l'intégrité et la responsabilité du gouvernement chinois. On peut même utiliser les trois mots anglais que sont Integrity, Responsibility and Consideration, afin de refléter pleinement les trois aspects du sens du cadeau du peuple chinois offert au peuple africain. »

非盟总部项目建成后，任力之收获的，不仅是来自埃塞俄比亚，更是整个非洲大陆的认可与尊重。他用相机记录了许多当地的风土人情，更对中非建筑领域未来的合作充满信心。

À la fin du projet, Ren Lizhi reçut la reconnaissance et l’estime de l’Éthiopie, mais également de tout le continent. Il a aussi photographié les habitants dans leur quotidien. Il est aujourd’hui pleinement confiant en ce qui concerne l'avenir de la coopération sino-africaine dans le domaine du bâtiment.

“同济的建筑系包括其他系有很多非洲学生来学习，他们在这里学到的经验和学识会在非洲发挥作用，所以我觉得中国和非洲在建筑设计方面的交流会越来越频繁。”

« Le département d’architecture de l’Université Tongji compte un nombre important d’étudiants africains. L'expérience et les connaissances qu’ils acquièrent ici leur permettront de jouer un rôle important de retour en Afrique, donc je pense que les échanges chinois et africains en architecture seront de plus en plus fréquents à l’avenir. »

44

萨利赫：推动中非合作的阿尔及利亚外交官

Salih Benkobbi : Un ancien diplomate algérien au service de la coopération sino-africaine

阿尔及利亚资深外交官

Ancien diplomate algérien

今年已经83岁高龄的萨利赫先生是一名阿尔及利亚资深外交官，也是阿尔及利亚民族解放事业的亲历者。作为阿尔及利亚穆斯林大学生联合会（l' UGEMA）的创始成员，他把青春岁月都献给了阿尔及利亚人民的革命事业。现在回忆起新中国对阿尔及利亚人民的支持，萨利赫依然如数家珍。

À 83 ans, Salih Benkobbi est un diplomate algérien chevronné, qui fut l'un des témoins privilégiés de la libération nationale algérienne. En tant que membre fondateur de l'Union Générale des Étudiants Musulmans d'Algérie, c'est naturellement qu'il a sacrifié toute sa jeunesse pour la cause révolutionnaire de son peuple. Aujourd'hui, les souvenirs du soutien de la Chine Nouvelle au peuple algérien restent encore vivaces dans son esprit.

"那时我们得到了新中国无条件的支持，才得以参加万隆会议，并和那些和中国友好的国家建立联系。新中国对阿尔及利亚人民的事业非常重视。"

« Là aussi on a joui du soutien inconditionnel de la Chine populaire et cela a permis à la révolution algérienne d'assister à la conférence de Bandung et en même temps d'agir auprès de tous les pays qui avaient des relations privilégiées avec la Chine parce qu'elle avait pris en charge la cause algérienne. »

1955 年，阿尔及利亚民族解放阵线以观察员身份出席在印度尼西亚召开的万隆会议，这是其在外交上取得的第一次重大胜利，也为阿尔及利亚人民革命事业争取到国际社会的同情与支持。在争取独立的斗争中，萨利赫因为参加学生运动被捕入狱。1962 年，阿尔及利亚宣告独立，萨利赫也重获自由，进入外交部工作。成为外交官，对他来说，完全是命运的安排。

En 1955, le Front de Libération Nationale algérienne remporte sa première grande victoire diplomatique en assistant à titre d'observateur à la Conférence de Bandung qui s'est tenue en Indonésie, qui a par ailleurs permis à la cause révolutionnaire du peuple algérien de gagner la sympathie et le soutien de la communauté internationale. En pleine lutte pour l'indépendance, il fut emprisonné pour avoir participé au mouvement étudiant. En 1962, l'Algérie devenue indépendante, Salih Benkobbi débuta sa longue carrière au Ministère des Affaires étrangères. Son destin de diplomate était déjà tout tracé.

"阿尔及利亚刚刚独立，几乎就在独立的第二天，我就被派到了外交部工作，担任科技文化合作处主任。从那时开始，我开始处理外交事务，没有经验，完全是一片空白。"

« Le hasard a voulu qu'à l'indépendance même, au lendemain de l'indépendance, je sois nommé au Ministère des Affaires étrangères comme directeur de la coopération culturelle et technique. Et c'est là que je me suis retrouvé à gérer des questions diplomatiques dont je n'avais aucune initiation ni connaissance. »

萨利赫说，多亏了同情阿尔及利亚人民革命事业的友好国家支持，还有前辈们的指点，他才能圆满完成工作任务。1963年初，中国和阿尔及利亚在阿尔及尔签署了第一个科技文化领域的合作协定。在漫长的外交官生涯中，萨利赫一直致力于促进中非合作。在他担任阿尔及利亚驻毛里塔尼亚大使时，中国帮助毛里塔尼亚修建了首都最大的港口。

Salih Benkobbi rappelle avec enthousiasme que la cause révolutionnaire du peuple algérien n'aurait jamais abouti sans le soutien et les conseils des pays amis. Au début de l'année 1963, la Chine et l'Algérie signaient à Alger le premier accord de coopération dans les domaines de la science, de la technologie et de la culture. Au cours de sa longue carrière diplomatique, Salih Benkobbi a toujours eu à cœur de promouvoir la coopération sino-africaine. Ainsi, lorsqu'il était ambassadeur d'Algérie en Mauritanie, la Chine avait aidé à construire le plus grand port dans la capitale du pays.

"1971 年，我就任驻毛里塔尼亚大使时，他们还没有一个和首都相配的港口。中国和阿尔及利亚合作，帮助毛里塔尼亚建成了第一个港口，使这个国家打开了面向全世界的窗口。"

« Quand je suis arrivé en 1971 en Mauritanie, ils n'avaient même pas un port au niveau de leur capitale. Et c'est grâce à la coopération entre l'Algérie et la République populaire de Chine que la Mauritanie a pu construire son premier port. Ça lui a permis de s'ouvrir sur le monde entier. »

毛里塔尼亚政府将港口命名为友谊港。之后，中毛合作拓宽到医疗、教育和人员交流等更多领域。在漫长的外交官生涯中，萨利赫和驻地的中国外交官都建立了良好的合作关系。在他看来，中非人民拥有共同利益，双方的合作是共赢的。

Le gouvernement mauritanien a même renommé le nouveau complexe « Port de l'amitié ». Par la suite, la coopération sino-mauritanienne s'est élargie à plusieurs domaines dont la santé, l'éducation, mais également les échanges de personnel. Au cours de sa longue carrière, Salih Benkobbi a constamment pris le soin de nouer d'excellentes relations avec les diplomates chinois résidents à l'étranger. Il rappelle avec vigueur les intérêts communs existants ainsi que le caractère gagnant-gagnant de la coopération entre les peuples chinois et africains.

"不管我到哪，见到中国同事，我们都能达成共识，都有共同的利益，对我们彼此代表的国家，还有我们的驻在国，都是一样。"

« Partout où je suis allé j'ai trouvé auprès de mes collègues chinois la même compréhension et le même désir d'œuvrer dans l'intérêt commun de nos pays et des pays auprès desquels on était des représentants. »

45

Salim Ahmed Salim

萨利姆·艾哈迈德·萨利姆：中国给我回家的感觉

Je me sens comme chez moi en Chine

坦桑尼亚前总理

Ancien Premier ministre tanzanien

他是最年轻的坦桑尼亚驻华大使，曾任坦桑尼亚常驻联合国代表长达10年，任坦桑尼亚总理两年，他是中国的老朋友，萨利姆·艾哈迈德·萨利姆。

Il a été le plus jeune ambassadeur de Tanzanie en Chine, il a été aussi représentant de la Tanzanie aux Nations Unies pendant près d'une décennie, et Premier ministre de son pays pendant deux ans. Cet homme n'est autre que Salim Ahmed Salim, l'un des vieux amis de la Chine.

“想要制造一个没有中国的联合国，那简直是个时代错误。”

« C’était un anachronisme que d’envisager les Nations Unies sans la Chine. »

（1971 年 10 月 25 日，联合国。）

第 26 届联合国大会对要求恢复中华人民共和国合法席位的提案开始正式投票。为了重返联合国，新中国面临重重阻挠。萨利姆当时任坦桑尼亚常驻联合国代表，发表了慷慨激扬的演讲，坚定地支持中国。

（25 Octobre 1971, ONU）

Lors de la 26ème Assemblée générale des Nations Unies, la motion demandant la restauration du siège légitime de la République populaire de Chine a été officiellement soumise aux votes des pays membres. La Chine Nouvelle a été de fait confrontée à d'innombrables obstacles avant de pouvoir revenir dans le giron de l’ONU. Salim Ahmed Salim qui était à l’époque le Représentant permanent de la Tanzanie aux Nations Unies, a prononcé un discours passionné dans lequel il a fermement soutenu la Chine.

“一些非洲国家和亚洲国家，包括我，我们做了很多工作，为了确保那些曾经阻挠中国的手段，不会再次成功。”
（几内亚，赞成。坦桑尼亚，赞成。美国，反对……76 票赞成，35 票反对，17 票弃权，这项决议获得通过。）

« Certains pays africains et asiatiques, ainsi que moi-même, avions travaillé d’arrache-pied afin de garantir que certaines considérations techniques ne soient plus utilisées pour bloquer la Chine. »
（La Guinée, favorable. La Tanzanie, favorable. Les États-Unis, contre… Avec 76 voix pour, 35 voix contre et 17 abstentions, cette résolution a été adoptée.）

会场欢呼声、笑声、雷鸣般的掌声经久不息。年轻的坦桑尼亚首席代表高兴得跳起来鼓掌。

Alors que les acclamations, les rires et les applaudissements animés retentissaient dans toute l'assemblée, le jeune représentant en chef tanzanien s'est mis à sauter de joie en tapant des mains.

"我们都非常非常高兴，大部分是非洲人、亚洲人，也有一些欧洲人。我们在寻求公正的同时，使联合国变得更有意义。我们最关心的就是确保联合国更有效和更有意义。如果一大部分的世界人口被排除在联合国之外，则不可能实现这个目标。"

« Nous étions extrêmement contents, principalement les pays africains et asiatiques, mais également certains pays européens. Nous ne faisions que rendre justice tout en faisant en sorte que l'Organisation des Nations Unies devienne plus pertinente. Notre principale ambition était justement de la rendre plus effective et plus pertinente, mais nous ne pouvions pas atteindre cet objectif si une très grande partie de la population mondiale était mise de côté. »

1969年，年仅27岁的萨利姆出任坦桑尼亚驻华大使，主要负责坦赞铁路的筹备工作。几十年过去，在中国的经历让他至今难以忘怀。

En 1969, à seulement 27 ans, Salim Ahmed Salim a été nommé ambassadeur de Tanzanie en Chine, avec comme principale mission de préparer le projet de ligne de chemin de fer Tanzanie-Zambie. Après plusieurs décennies, il garde toujours des souvenirs inoubliables de son expérience en Chine.

“我是中国人民非常亲密的朋友。这不仅仅是因为我做过驻华大使，或者是我曾在联合国恢复中国合法席位时发挥了作用，而是因为我个人对中国的感情和对中国的了解。我没有在中国住很久，但我去过很多地方。我感觉非常温暖，就像回家了一样。”

« Je suis un ami très proche de la Chine. Et ce n’est pas seulement à cause du fait que j’y étais ambassadeur ou encore de mon rôle joué aux Nations Unies, il s’agit plus que de cela car j’ai un attachement personnel et une connaissance spécifique de ce pays. Je n’y suis pas resté longtemps, mais j’y ai beaucoup voyagé. Et à chaque fois j’ai ressenti cette chaleur particulière, comme si j’étais chez moi. »

如今已经 74 岁的萨利姆，仍在担任坦桑尼亚－中国友好协会会长，不知疲倦地为坦中友谊奔波。

À 74 ans et en tant que président de l’Association pour l’amitié Tanzanie-Chine, Salim Ahmed Salim continue aujourd’hui d’œuvrer sans relâche pour l’amitié entre les deux pays.

“中国和非洲的友谊不应该停滞不前，我们应该每天都在前进，因为这是我们两国人民的最大利益。因此我可以看到，不仅是中国和各个非洲国家之间，中国和整个非洲的关系也在不断加强。”

« Le partenariat entre la Chine et l’Afrique ne doit pas rester là. Nous devons chaque jour, nous efforcer de le faire avancer car c’est dans l’intérêt de nos deux peuples. J’estime ainsi que les relations entre la Chine et chaque pays africain vont davantage s’intensifier, mais également la relation entre la Chine et l’Afrique prise dans son ensemble. »

（好一朵茉莉花，满园花开，比也比不过她……）

(Une magnifique fleur de jasmin plus belle que toutes les autres fleurs du jardin...)

46

Samuel Daniel Shafiishuna Nujoma:

萨姆·努乔马：中国人民的老朋友

Père fondation du pays et ami de longue date du peuple chinois

纳米比亚独立后首任总统

Ancien président de la Namibie

纳米比亚，一半是沙漠，一半是海水，因为独特的沙漠风景而闻名。1990年，它的独立标志着非洲结束了数百年的殖民统治，而带领纳米比亚走向独立的人就是被称为纳米比亚国父的萨姆·努乔马。

La Namibie est partagée entre le désert et l’océan. Elle est connue pour ses paysages désertiques remarquables. Son indépendance en 1990 souligne la fin de plusieurs siècles de colonisation en Afrique. Sam Nujoma, l’homme qui l’a menée vers son indépendance, est surnommé le père de la Namibie.

1966 年他领导的“西南非洲人民组织”开始参与到反殖民运动中。在殖民者疯狂镇压下，努乔马被迫流亡海外长达 29 年之久。流亡期间他曾多次到访中国，中国的游击战术为他提供了宝贵的战斗经验。

En 1966, l'Organisation du Peuple du Sud-Ouest africain qu'il dirige commence à participer aux activités anticoloniales. À cause de la répression des colons, Sam Nujoma est contraint à s'exiler 29 ans pendant lesquels il se rendra plusieurs fois en Chine. Les tactiques guerrières chinoises lui apporteront une expérience précieuse.

“毛泽东主席曾经说过，敌进我退，敌退我追。我将这些宝贵的作战经验运用到对敌战斗中。从战争开始一直到结束，我一直都是这么做的。”

« Le président Mao Zedong a déclaré que lorsque l'ennemi attaque, il faut se retirer, et que lorsque l'ennemi se retire, il faut l'attaquer. Nous avons utilisé ses techniques ici contre nos ennemis. Nous nous sommes battus ainsi du début jusqu'à la fin. »

1989 年 9 月 14 日，在结束了 29 年的海外流亡生涯后，努乔马终于回到了祖国。当他走下飞机，踏上故土的那一刻，努乔马双膝跪地，深情地亲吻脚下的大地。

Le 14 septembre 1989, après 29 années en exil, Sam Nujoma retourne enfin dans son pays. Lorsqu'il descend de l'avion et pose enfin le pied sur le sol namibien, il se met à genoux et embrasse sa terre natale.

“当我到达机场的时候，数以万计的人民朝我呐喊‘欢迎回家’。敌人也夹杂在人群中，但是他们什么也干不了，因为当时联合国已经接管纳米比亚，纳米比亚是和平的。我们成立了竞选团队，并且获得了竞选成功。”

« À mon arrivée à l'aéroport, des dizaines de milliers de personnes, s'y rassemblaient en m'acclamant “Bienvenue camarades” mais il y avait aussi des ennemis. Cependant, ces derniers ne pouvaient rien faire car l'ONU avait placé sous sa tutelle et la paix était revenue. Nous avons fait campagne pour les élections et nous les avons remportées. »

1990 年 3 月 21 日，在纳米比亚的首都——温得和克上空，升起了一面崭新的国旗，萨姆·努乔马当选为这个国家历史上的第一任总统。

Le 21 mars 1990 à Windhoek, la capitale namibienne, flotte dans l'air un nouveau drapeau national. Sam Nujoma a été élu premier président namibien de l'histoire.

"中华人民共和国是第一个承认纳米比亚独立的国家。在纳米比亚独立的第二天，中国人就来到这里筹备与我们建立大使级关系。当时我们刚刚接管政府，遇到了很多困难，中国向我们提供了资金支持。（当时）纳米比亚人民没有学校和医院，因为南非（对纳米比亚施行）的种族隔离政策，只有白种人才能去学校，去医院。中国为我们建立了学校、医院，直到今天，还在帮助我们。纳米比亚人民永远都忘不了中国对我们的支持。"

« La République populaire de Chine a été le premier pays à reconnaître notre indépendance. Dès le lendemain, ils étaient là pour établir leur ambassade. Ils nous ont également soutenus financièrement car lorsque nous avons repris le contrôle du gouvernement, il y avait de nombreux problèmes. Les écoles fonctionnaient sur le système de l'apartheid. Il n'y avait pas d'hôpitaux ou alors uniquement pour les Blancs, car les hôpitaux pour les Namibiens étaient négligés. Tout cela à cause de l'apartheid et de la discrimination. La Chine nous a donc porté assistance et elle continue de le faire aujourd'hui. Nous sommes très reconnaissants de son soutien. »

作为中纳友谊的开拓者和奠基人，自 1964 年以来，努乔马访华近 20 次。他亲切地称这个遥远的东方国度为“自己的最坚定的支持”。

En tant que pionnier de l’amitié sino-namibienne, Sam Nujoma s’est rendu une vingtaine de fois en Chine depuis 1964. Il considère ce lointain pays comme son plus fiable soutien.

“对我来说，北京就像是中国的一个缩影。过去，当我们到达北京机场的时候，看到周围都是一些小房子，如今在中国到处都是高楼大厦，中国像其他发达国家一样快速发展着。”

« Pour moi, Beijing est un exemple. Par le passé, quand nous arrivions à l’aéroport de Beijing, nous ne voyions que de petites maisons. Aujourd’hui, il y a des gratte-ciel dans tout le pays. C’est ainsi que s’est développée la Chine, tout comme le reste du monde. »

这位 87 岁开国总统，已经卸甲归田。但他始终忘不了那个遥远的东方国度，忘不了他的中国老朋友。

L’ancien président, aujourd’hui âgé de 87 ans, est désormais à la retraite. Cependant, il garde intact le souvenir de la Chine et de ses amis chinois.

47

Sékou Camara :

塞古·卡马拉：让中国针灸在非洲开花结果

Nouvelle ère de l'acupuncture en Afrique

几内亚针灸医生

Professeur agrégé et acupuncteur

塞古·卡马拉和妻子赖翠玲在几内亚首都科纳克里经营一所综合性医院，医院有个美丽的名字——翡翠医院。1975 年，作为第一批来华留学的几内亚医生，塞古·卡马拉第一次踏上中国的土地，在广东中山大学攻读医学。

Sékou Camara et son épouse Lai Cuiling ont ouvert à Conakry, la capitale guinéenne, la polyclinique Fei Tsui. Sékou Camara est le premier médecin guinéen à avoir étudié en Chine. Il s'y est rendu pour la première fois en 1975 afin de poursuivre des études de médecine à l'Université Sun Yat-Sen, dans la province du Guangdong, au sud de la Chine.

"在一个中几合作框架下，我获得了一份由几内亚提供的奖学金。在当时，每个国家都有一定数目的奖学金名额，尤其是几内亚。正是这份奖学金让我有机会去中国学医。"

« J'ai été boursier de l'État guinéen dans le cadre de la coopération entre la Guinée et la Chine. Il y avait des bourses qui étaient attribuées à chaque pays, très particulièrement la Guinée. J'ai eu la chance de bénéficier de cette bourse qui m'a conduit en Chine pour des études de médecine. »

在中国十年的留学经历让塞古·卡马拉从对针灸一无所知到深深爱上这门传统中医疗法，立志要把针灸疗法带回祖国几内亚。1986 年，在取得博士学位后，塞古·卡马拉回到几内亚，成为第一位本土针灸医生。

Au cours de ses 10 années d'études passées en Chine, Sékou Camara s'est pris de passion pour l'acupuncture et a décidé de mettre ses connaissances au service de son pays. En 1986, après avoir obtenu son doctorat, Sékou Camara rentre en Guinée où il devient le premier médecin acupuncteur du pays.

"我的第一个病人是一位首饰匠，他的肩膀出了问题。这个病人去很多科室看过，特别是神经内科。医生给他开了很多药，但都没什么效果。他来我这里看病时，我给他做了 30 ~ 40 分钟的针灸。半小时过去后，他就感觉好多了。"

« Le premier patient que j'ai traité, c'était un bijoutier qui avait des problèmes d'épaule. Il a tenté de voir beaucoup de services, mais très particulièrement le service de neurologie interne. Ils lui ont prescrit des comprimés par-ci par-là, et ça n'a pas fonctionné. Il est venu me voir. On a fait une séance de 30 à 40 minutes, et disons une demi-heure après le traitement, le malade commençait déjà à se sentir très bien. »

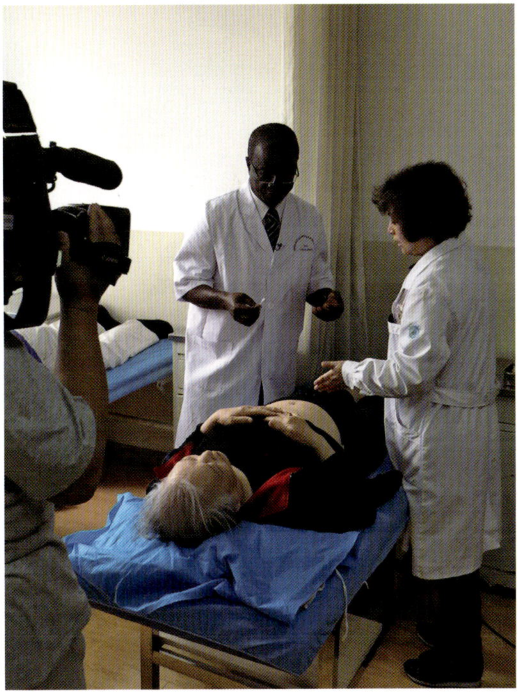

塞古·卡马拉编写了几内亚首套针灸课程 。这套课程于 2003 年获得官方批准。如今，针灸已成为几内亚所有医科大学的必修课程。

在中国学习期间，塞古·卡马拉遇见了他后来的妻子赖翠玲。毕业后，塞古·卡马拉回到了几内亚。而赖翠玲突破重重阻力，独自一人千里迢迢去往非洲与卡马拉团聚。

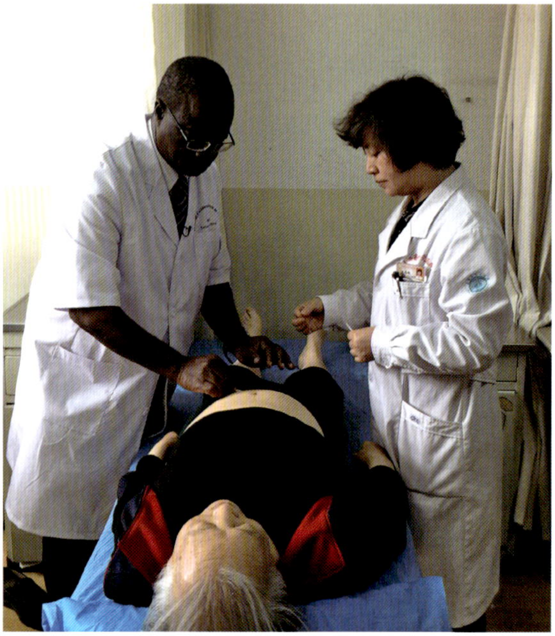

Sékou Camara a rédigé le premier programme d'enseignement universitaire de l'acupuncture en Guinée. En 2003, ce programme a été accepté et validé par les autorités académiques guinéennes. L'acupuncture est intégrée au cursus universitaire de médecine dans son pays.

Lors de ses études en Chine, Sékou Camara a fait la rencontre de sa future épouse, Lai Cuiling. Diplômé, il rentre en Guinée. Lai Cuiling, après avoir surmonté certaines difficultés, décide de partir seule pour le rejoindre en Afrique.

赖翠玲："这 27 年走过来，酸甜苦辣什么都有，但是总的来说我觉得很值得。"

Lai Cuiling : « Au cours des 27 années passées, j'ai traversé des hauts et des bas, néanmoins je continue de penser que cela en valait vraiment la peine. »

1996 年，赖翠玲根据自身经历写了一本自传体小说。这本书在中国获得了广泛关注，还被改编成了电视剧。

En 1996, en se basant sur son histoire personnelle, Lai Cuiling écrit un livre. Son ouvrage remporte un grand succès en Chine et est même adapté en série télévisée.

“这本自传体小说架起了一座几内亚与中国之间社会文化交流的桥梁。这本书让很多中国人更好地了解了一个中国女人与非洲男人之间的生活故事。”

« Ce roman autobiographique intitulé *Je suis mariée à un Africain* a permis d'établir un pont social et culturel entre la Guinée et la Chine, parce que ça a permis à de nombreux Chinois de mieux connaître la vie d'une Chinoise avec un Africain. »

如今他们生活幸福，育有两个儿子。塞古·卡马拉的心愿是让针灸在非洲后继有人，让更多人从针灸中受益。

Aujourd'hui, ils coulent des jours heureux avec leurs deux fils. Sékou Camara espère que l'acupuncture continuera à se développer en Afrique et qu'elle bénéficiera à un nombre toujours plus important de personnes.

“非洲人民、非洲国家需要更经济的治疗手段，需要多样化的治疗手段，而中医和针灸符合这样的要求。这就是为什么需要在非洲更快地推广针灸疗法的原因。”

« Les Africains, les pays africains, nos braves populations ont besoin d'avoir des soins à moindre coût, et l'acupuncture en fait partie. Nos populations ont besoin d'alternatives thérapeutiques, la médecine traditionnelle chinoise et l'acupuncture en font partie. C'est pourquoi il faut la propager à une plus grande échelle. »

48

苏拉：义乌的塞内加尔老娘舅

Tirera Sourakhata : Médiateur sénégalais de Yiwu

塞内加尔商人，调解员

Commerçant médiateur sénégalais

"作为首批外籍调解员，我在协助义乌市政府处理纠纷的同时，也帮助了生活在这里的外商。这项工作对于我来说是一种荣誉。"

« J'ai été parmi les premiers étrangers qui ont été recrutés pour venir en aide à la municipalité, mais également afin de venir en aide aux étrangers vivant à Yiwu. Cela a été un honneur pour moi. »

此时此刻，一场涉及 26 名中国商户与巴勒斯坦外商的合同欠款纠纷的调解工作正在进行中。这次欠款纠纷主因是巴勒斯坦外商无法按时支付多家中国商户的货款，共计约 300 万人民币。调解员、法官、中国商户、外商等将近 40 人把会议室挤得水泄不通。

En ce moment même, une médiation impliquant 26 commerçants chinois réclamant à leurs clients palestiniens le paiement d'une dette, suit son cours. Ils doivent encore à leurs nombreux fournisseurs chinois la somme de 3 millions de yuans. Parmi les quelque 40 personnes entassées dans la salle de réunion, on retrouve entre autres les médiateurs, les juges, ainsi que les commerçants chinois et leurs clients étrangers.

"当一名外商遇到纠纷找到我们的时候，一进门，看见我一个老外坐在调解办公室里，首先会有一种信任感，他会觉得至少我可以信赖这个人，可以把我想的都告诉他，把我遇到的问题都跟他解释。"

« Si un étranger vient dans le service et qu'il voit un collègue étranger travaillant dans ce service, la première des choses c'est qu'il en est confiant, il se dit oui, au moins je peux avoir confiance en cette personne, et je peux lui dire tout ce que je pense, lui expliquer mon problème. »

经过苏拉等人一上午的协调与劝导，各方就支付货款的时间和方式达成了共识。最后，苏拉还不忘给中方商户吃上一颗定心丸。

Après une matinée d'intenses débats au cours desquels Soura s'est efforcé de concilier et de persuader les deux parties, ces dernières ont fini par se mettre d'accord sur de nouvelles modalités et le nouveau terme de paiement. Au final, Soura a pris le soin de rassurer une fois de plus les commerçants chinois.

"意思是想让你们放心，这个钱是一定要付掉的。"

« Je vous garantis que vos dettes seront intégralement remboursées. »

事实上，涉外纠纷调解员并不是一份正式的工作。苏拉的正式身份其实是一家外贸公司的老板。苏拉出生于一个商人家庭，他父亲在非洲拥有非常成功的事业。照理说，苏拉成年之后就会背靠着父亲这棵"大树"，直接进入家族公司。但苏拉却做出了令家人大吃一惊的选择。他在 2002 年来到了中国，在这里开创了自己的事业。

La fonction de médiateur n'est pas un travail au sens strict du terme. Soura est avant tout le patron d'une société d'export. Issu d'une grande lignée de commerçants sénégalais, il était normalement destiné à intégrer l'affaire familiale afin de suivre les traces de la réussite florissante de son père en Afrique. Mais Soura en a décidé autrement. En 2002, il arrive en Chine déterminé à créer sa propre affaire.

"经过深入的了解以后，我发现我能够待在这个国家，而且可以在这个国家发展得很好。你能够在义乌这个市场里面，找到所有需要的东西。"

« Après avoir pris le temps de mieux comprendre la Chine, je savais que je pouvais rester dans ce pays, et qu'il allait m'offrir d'excellentes opportunités. Et en plus, on trouvait tout ce dont on avait besoin sur le marché de Yiwu. »

最初，苏拉在中国经营的是五金生意。2007 年，他在义乌设立了一家代表处，接来了妻子儿女，开始在这里长住。很快，他在非洲的朋友以及朋友的朋友就自发地找上门来了。

À ses débuts en Chine, Soura dirigeait seul son négoce de quincaillerie. Mais en 2007, il prit la décision de fonder son bureau de représentation à Yiwu, et de s'y établir avec sa famille. Et très vite, ses amis et ses clients venus de toute l'Afrique n'ont pas tardé à venir cogner à sa porte.

"朋友听说苏拉在中国，都会问：'苏拉你在中国做什么？'我就跟他们说我在这里采购，你需要的这些产品也可以在这里找到。这样的交流就变成了一个做贸易的机会。"

« Lorsque mes amis ont entendu dire que j'étais établi en Chine, ils m'ont demandé : 'Soura, qu'est-ce que tu fais en Chine ?' Je leur ai répondu que j'étais ici pour acheter les produits dont ils avaient eux-mêmes besoin et que l'on trouvait ici. Et de fil en aiguille, cela s'est transformé en véritable affaire d'import-export. »

现在，苏拉的公司已经有30名员工，每个月都会有100～200个集装箱发往非洲。如今，除了在中国进行采购，苏拉更是将业务拓展到了向中国推荐非洲的优质商品。

L'entreprise de Soura compte désormais une trentaine d'employés, et exporte plus d'une centaine de conteneurs par mois à destination du marché africain. Mais aujourd'hui, il espère également convaincre les consommateurs chinois d'adopter les produits africains de qualité.

"'一带一路'这个倡议提出来了，我们也了解中国这边非常支持非洲产品出口到中国来。像我是塞内加尔的人，塞内加尔是一个花生之国。我们现在开始把塞内加尔的花生出口到中国，也卖得非常好！"

« À travers l'initiative 'Une Ceinture, Une Route', j'ai réalisé que le gouvernement chinois encourageait les pays africains à exporter leurs produits vers la Chine. Je suis Sénégalais, et le Sénégal est un grand pays producteur d'arachides. Nous avons commencé à en exporter vers le marché chinois, et les ventes sont excellentes ! »

鉴于苏拉在商业领域取得的巨大成功，义乌工商学院正式聘请他为客座讲师。苏拉的中文十分流利，甚至带着点儿浙江当地口音，听起来十分“接地气”。

此外，为了回馈热情接纳他、帮助他的中国人民，苏拉希望能够尽自己微薄之力，帮助在非洲创业的中国人融入当地社会，通过组织论坛等民间交流，让中非友谊薪火相传。

Fort de la réussite de Soura dans le monde des affaires, l’École de commerce de Yiwu l’a officiellement engagé comme conférencier invité. Soura parle couramment le chinois, avec même un petit accent local du Zhejiang, faisant ressortir encore davantage son côté "terre à terre".

Soura a désormais à cœur de rendre au peuple chinois une partie de ce qu’il lui a donné. À travers l’organisation du Forum sur la promotion et l’intégration des investisseurs chinois au Sénégal, il espère apporter sa pierre à l’édifice de l’amitié sino-africaine.

49

Turner Isoun:

特纳·伊苏恩：
中尼卫星合作领航者

Précurseur de la coopération spatiale sino-nigériane

尼日利亚前科技部长

Ancien ministre nigérian des Sciences et Technologies

中国为尼日利亚发射了一颗通信卫星，这是非洲同类型中第一颗通信卫星，也标志着非洲大陆从此进入了通信技术的高速公路。这颗“尼星1号”卫星完全由中方设计制造。此次中国和尼日利亚卫星合作的发起人——尼日利亚时任科技部长特纳·伊苏恩，也是这次合作的见证者。

La Chine a lancé un satellite de communication pour le Nigeria. C'est le premier lancement de ce type pour l'Afrique et le début de l'autoroute des communications pour le continent. Ce satellite, NigComSat-1, avait été entièrement conçu et fabriqué par la Chine. Le ministre nigérian des Sciences et Technologies de l'époque, Turner Isoun, a été à l'initiative de cette coopération sino-nigériane, et est à ce titre un témoin privilégié.

“我们认为国家需要更先进的通信卫星设备，因此我们展开了面对国际公司的公开招标，让中标者为我们国家制造和发射这颗通信卫星。”

« Nous avons par conséquent réalisé que nous avions besoin d'acquérir un satellite de communication sophistiqué, et donc nous avons sollicité des propositions de compagnies internationales pour participer à notre construction et acquisition de satellites de communication. »

最终，中国长城工业集团有限公司满足了尼方的所有要求，竞标成功。特纳·伊苏恩也促成了尼日利亚宇航局和中国长城工业集团的合作。在他的努力下，2011 年 12 月，中国为尼日利亚研发的“尼星 1R”也成功发射并运转良好。

Au final, l'entreprise China Great Wall Industry Corporation a satisfait aux exigences du Nigeria. Turner Isoun a présidé à la coopération entre cette entreprise et l'agence spatiale nigériane. Grâce à ses efforts, en décembre 2011, le satellite produit par la Chine pour le Nigeria NigComSat-1R a lui aussi été lancé avec succès. Il fonctionne toujours très bien.

"广播、电视、安全、监控、导航、远程教育、医疗等。我非常高兴地看到，该卫星在这些领域发挥了重要作用，对尼日利亚起到了很大的帮助。"

« Dans les domaines de la diffusion, de la télévision en direct, de la sécurité et de la surveillance, dans ceux de la navigation, de l'éducation et de la santé... je suis heureux de rapporter que le satellite a été déployé dans tous ces domaines et aide de façon importante le Nigeria. »

在中国与尼日利亚十多年的合作中，伊苏恩博士多次到访中国，结交了许多朋友，也收获了许多关于中国的心得。

Pendant la dizaine d'années où il a présidé à la coopération sino-nigériane, le docteur Isoun a visité la Chine à de nombreuses reprises, s'y est fait de nombreux amis, et a appris beaucoup de choses sur ce pays.

"我学到的其中一点，就是中国的大学里关于卫星领域的教学并不是纯理论性的，其中也包括很多关于通信卫星的制造与操作的课程。我认为非洲的学校和培训机构应该以中国的学校为榜样。"

« Une chose que j'ai personnellement apprise quant à l'approche chinoise, c'est que les universités chinoises ne sont pas seulement théoriques, mais elles sont également impliquées dans la production et le fonctionnement du satellite de communication. J'ai pensé que c'était une grande leçon pour nous d'apprendre auprès de la Chine, par rapport aux institutions et universités africaines. »

2013年，伊苏恩博士出版了其与夫人米里亚姆·伊苏恩合作撰写的《为何先学跑，后学走》。该书记录了尼日利亚航天事业的开创史，也是中尼两国在高科技领域友好合作的见证。

En 2013, le docteur Isoun a coécrit avec son épouse Miriam un livre intitulé « Pourquoi courir sans apprendre à marcher ? », où il revient sur l'aventure de l'industrie aérospatiale nigériane et sur la coopération amicale sino-nigériane dans le domaine des technologies de pointe.

"非洲想要获得现代经济带来的收益，并在经济全球化的过程中扮演积极的角色，掌握关于信息领域的高科技是非常重要的。我们认为非洲和中国的合作，特别是在卫星科技的领域，将是帮助非洲获得这一能力的关键所在。因此我认为中非合作是一件双赢的举措。"

« Les hautes technologies de l'information sont cruciales pour que l'Afrique jouisse des avantages de l'économie moderne et s'intègre dans l'économie mondiale, et nous pensons que la coopération de l'Afrique avec la Chine, particulièrement dans le domaine de la technologie satellitaire, est une porte ouverte pour acquérir cette capacité. Donc je pense que la coopération de la Chine avec l'Afrique est une configuration gagnant-gagnant. »

2016 年 3 月，尼日利亚通信卫星有限公司与中国长城工业集团有限公司签署了尼星 2&3 号通信卫星在轨交付的框架协议。此举将继续深化中尼在通信卫星和电信产业领域的合作，并为双方的双赢关系翻开崭新的一页。

En mars 2016, la Nigerian Communication Satellite Limited et la China Great Wall Industry Corporation ont signé un accord-cadre pour la livraison et la mise en orbite de deux satellites de communication NigComSat 2 et 3. Ceci approfondit la coopération dans les domaines des satellites de communication et des télécommunications, et marque une nouvelle page dans l'histoire des relations gagnant-gagnant entre la Chine et le Nigeria.

Le 14 mai 2007
Centre de lancement de Xichang
Province du Sichuan, Chine

50

Victor Sikonina:
维克多·希科尼纳：马达加斯加来的"中国大使"

Ambassadeur du peuple malgache en Chine

马达加斯加驻华大使
Ambassadeur de Madagascar en Chine

"经常有类似这样的事情，让我和中国人民很贴近。我更像是中国大使而不是马达加斯加大使了。除了我有双重文化之外，我真的是同时在为两个国家——中国和我的祖国马达加斯加加强友好交往和深入双方合作而努力工作。"

« Il y a des choses comme ça où je suis très proche du peuple chinois. Je suis devenu plus un ambassadeur chinois qu'un ambassadeur malgache, sauf que j'ai la double culture, donc je travaille vraiment 50 % - 50 % pour le rapprochement ou le renforcement de la coopération Chine - et mon pays Madagascar. »

维克多·希科尼纳的父亲是中国广东人，母亲是马达加斯加人。幼年时，他通过父亲的讲述了解了中国。

Victor Sikonina est né d’un père cantonais et d’une mère malgache. Tout petit, c’est au travers des histoires de son père qu’il a découvert la Chine.

“我父亲原想在马达加斯加赚到钱后，就带着所有的孩子回国。但他的这个愿望没能实现，却一直留在我们的心里。我父亲的所有后代，都曾经来过中国。这已经不再是一个愿望：我们已经实现了父亲的梦想。”

« Le rêve de mon père, c’était de faire fortune à Madagascar et de rentrer en Chine avec tous ses enfants, ça ne s’est pas réalisé. Par contre, c’est resté dans notre tête, et tous les membres de la famille descendants de mon père, on a tous visité la Chine. Ce n’était plus une envie : on a concrétisé le rêve de mon père. »

2002年，他被任命为马达加斯加驻华大使，那一年他60岁。他学社会学出身，根据社会学理论，他认为观察一个国家的最佳场所是市场，为此，他经常一身便装去市场购物。

作为马达加斯加大使和友谊的使者，他觉得自己应该四处走走，以了解中国社会经济的最新进展。在十多年的时间里，希科尼纳先生见证了中国的迅猛发展和社会变化。他对我们说，深圳经济特区的发展就是一个典范。

Il a obtenu le poste d'ambassadeur de Madagascar en Chine en 2002, à l'âge de 60 ans. De par ses connaissances de sociologie, pour lui, le meilleur lieu d'observer un pays est son marché, et pour s'y faire admettre, il s'habille et marche comme un simple citoyen.

En tant qu'ambassadeur et messager de Madagascar, il est de son devoir de parcourir et de se renseigner sur les actualités du pays. En plus d'une décennie, M. Sikonina a assisté aux changements et aux développements rapides de la Chine. Il nous donne un parfait exemple avec la ville de Shenzhen, zone économique spéciale du Sud de la Chine.

"我是中国发展和繁荣的见证人，短短几年时间里，深圳就成了中国成功的一个缩影，这里有很多值得学习的东西。"

« Avec le développement et la prospérité de la Chine, auxquels j'ai assisté, Shenzhen, en quelques années, est devenue un symbole de réussite de la Chine et là-dessus d'ailleurs il y a beaucoup à apprendre. »

他还经常参加各种论坛，推动经验和技术交流，特别是知识的互通有无。

Il participe également souvent à des forums pour promouvoir les échanges d'expériences, de pratiques, de savoir-faire, et surtout de connaissances.

"通过共建丝绸之路经济带和 21 世纪海上丝绸之路，中国打开了一个新的经济市场，这也是一个中国对外开放的市场，中国愿意在这些国家进一步拓展外交，为世界和平，至少为地区和平做出贡献。"

« En ouvrant la Route de la soie et la Route maritime, en reprenant plus exactement cette route historique, la Chine ouvre, certes, un marché économique, mais aussi elle veut rayonner diplomatiquement dans ces nouveaux pays pour participer, contribuer à la paix dans le monde, tout du moins dans cette zone du globe. »

作为非洲驻华使团团长，希科尼纳先生在非洲外交使团与中方之间，在重大问题上发挥着桥梁作用。他协助筹备了 2015 年 12 月在南非约翰内斯堡举行的第二次中非峰会。

En tant que doyen du corps diplomatique africain en Chine, M. Sikonina assume le rôle d'interface entre le corps diplomatique et la partie chinoise dans les questions d'importance majeure. Il a aidé à la préparation du deuxième sommet des chef d'État africains et chinois à Johannesburg, en décembre 2015.

"各国元首讨论了中非合作的方方面面，并获得了中非双方都接受的解决办法。值得一提的是，中非双方都表示了与各国同心协力建设未来的愿望。"

« Tous les volets de la coopération Chine - Afrique ont été abordés par les chefs d'État et ont eu des solutions de la part des Africains et des Chinois. Le plus important à retenir, je pense, c'est la volonté de la Chine et la volonté de l'Afrique de coopérer ensemble pour être présentes dans le concert des nations, pour décider de l'avenir du monde dans les années futures. »

他在促进文化交流方面也不遗余力。目前，在中国有 3 所大学开设了马达加斯加语言与研究专业。

Il encourage également les échanges culturels. En Chine, il y a trois universités qui ont ouvert une section de langue malgache et de recherche sur Madagascar.

"如果想承上启下，就要相互学习，尤其是在语言和文化方面，在当前全球化背景下，会说马达加斯加语，有助于中国和马达加斯加之间更加深入地了解和沟通。"

« Si vous voulez la continuité, il faut apprendre l'un de l'autre, et surtout dans le domaine de la culture et des langues. Parler malgache, ça facilite, dans le contexte actuel de mondialisation, la compréhension mutuelle entre Madagascar et la Chine. »

51

王振常：中国白求恩在几内亚

Wang Zhenchang : Médecin dévoué en Guinée

中国第 24 支援几医疗队队长

Chef de la 24e Équipe d'assistance médicale chinoise en Guinée

"埃博拉得了以后先发烧，再出血，最后衰竭死亡。"

"几内亚死亡率是 67%。一旦得了埃博拉，三分之二的机会就治不好了。"

"我们是在埃博拉疫情最为严峻的时候，2014 年 8 月份去的。"

« Une fois que vous contractez Ebola, vous avez d'abord de la fièvre, puis des saignements, et vous agonisez jusqu'à ce que mort s'ensuive. »
« Le taux de mortalité en Guinée était de 67%. Dans deux cas sur trois, les personnes contractant le virus Ebola ne s'en sortaient pas. »
« Nous sommes partis en Guinée au mois d'août 2014, au moment du pic le plus important de l'épidémie. »

王振常，北京友谊医院副院长，在埃博拉疫情最严重的时候，带领中国第 24 支援几医疗队，奔赴首都科纳克里。当时疫区感染人数每天成百上千的增长。

Alors que l'épidémie d'Ebola sévissait, Wang Zhenchang, directeur adjoint de l'Hôpital de l'Amitié de Beijing, n'a pas hésité un seul instant à s'envoler pour Conakry à la tête de la 24e équipe d'assistance médicale chinoise en Guinée. À l'époque, dans les zones affectées, on recensait chaque jour des milliers de nouveaux cas de contamination.

"当时在疫区的外国人实际上都在撤离，在几内亚像日本人都撤离了，大使馆只留守几个人，其他都撤了。在那种情况下，我们不仅没有减人，而且还增加了 3 名特殊的公共卫生专家。"

« À l'époque, la plupart des étrangers étaient déjà partis. Les Japonais, par exemple, avaient tous quitté la Guinée. L'ambassadeur avait ordonné à quelques personnes de rester seules sur place. Malgré la situation désastreuse, nous avons non seulement décidé de nous envoler pour la Guinée, mais trois autres experts de santé publique nous ont également rejoints. »

王振常到达之后立刻了解埃博拉在几内亚的情况，每周寄回疫情分析，帮助中国制定决策，安排后续援助抗击埃博拉的物资和设备等。除了救治病人，为几内亚公共卫生系统进行防疫培训，预防埃博拉，成为王振常另一个工作重心。

Dès son arrivée, Wang Zhenchang s'est empressé d'envoyer chaque semaine des rapports sur la situation afin d'aider les autorités chinoises à préparer les moyens matériels et les équipements nécessaires aux prochaines équipes d'assistance qui se rendraient sur place. Wang Zhenchang s'est par ailleurs pleinement consacré à la formation du personnel de santé publique guinéen pour les aider à mieux prévenir la propagation du virus Ebola.

“只要采取严密的措施，就可以避免埃博拉的感染。头3个月就培训了1670人，让我感到高兴的是不仅培训了当地卫生人员和社区工作人员，更主要的是培训了政府人员。能够让这些政府人员认识到建立公共卫生体系的重要性，对日后预防传染病起到最重大的作用。”

« Il suffit de prendre des mesures strictes pour éviter l'infection. J'ai formé plus de 1,670 personnes rien qu'au cours des trois premiers mois. Je suis très heureux d'avoir formé des représentants du gouvernement car ces derniers connaissent désormais l'importance de la mise en place de systèmes de santé publique et de la prévention des maladies infectieuses. Ils pourront à l'avenir jouer un rôle plus important. »

Pendant plus d'un an et demi passé à l'Hôpital de l'Amitié Sino-guinéen, les membres de l'équipe d'assistance médicale étaient chaque jour au chevet des patients, alors que le risque d'y être infecté par le virus Ebola était beaucoup plus grand que partout ailleurs.

在几内亚一年半期间，医疗队在中几友好医院每天跟病人接触，感染埃博拉的风险比普通人高很多。

“我们所在的医院9个当地医务人员感染，6个死亡。它是体液传染，就是接触它，但是在医院里大夫不接触病人不可能。因为每天我们要查房，要做体检，要给病人听诊，所以这种风险非常大。”

« Neuf membres du personnel médical guinéen ont contracté le virus, et six d'entre eux sont morts. Il s'agit avant tout d'une contamination par transmission directe, mais au sein d'un hôpital il est difficile de ne pas être en contact avec les patients. Nous devions chaque jour faire le tour des chambres pour examiner et ausculter les malades, le risque de transmission était donc très important. »

王振常援几工作取得了前所未有的的荣誉。中国 48 年援几历史上第一次，几内亚总统给他颁发了共和国勋章。几内亚埃博拉领导小组和几内亚卫生部都给医疗队颁发了证书。

Les efforts réalisés en Guinée par Wang Zhenchang et son équipe sont restés dans les annales. Après 48 années au cours desquelles les équipes d'assistance médicale chinoises se sont succédées dans le pays, le président guinéen a, pour la première fois, décerné la Médaille de la République au chef de la 24e équipe. Les dirigeants du groupe en charge de la lutte contre Ebola ainsi que ceux du Ministère guinéen de la Santé ont également remis des certificats honorifiques à l'ensemble des membres de la délégation médicale chinoise.

"一到过年过节，总统就给我们送牛，送羊，当地医院给我们送牛。另外，总统定期不定期给我们送些衣服，民族特色的衣服。大家也很高兴。因为这份工作可以得到当地政府的认可，得到国内单位的认可，大家都很高兴。"

« Lors du Nouvel An et au moment des fêtes, le président nous a offert du bœuf et de l'agneau, et le personnel médical local nous a aussi offert du boeuf. Nous étions tous satisfaits, car les gouvernements guinéen et chinois reconnaissaient nos efforts. »

20 年前援藏一年，这次援非一年半，两次艰苦的工作经历对王振常来说都是人生的一种历练。他认为援助西藏和援助非洲都是国家赋予他的一种责任。

Il y a 20 ans au Tibet, Wang Zhenchang effectuait pendant une année sa première mission d'assistance médicale, et cette fois-ci, il s'est pleinement consacré pendant plus d'un an et demi à sa mission en Afrique de l'Ouest. Ces missions auront à coup sûr contribué à forger l'expérience de vie de ce médecin engagé qui considère cette responsabilité comme le devoir de toute la nation chinoise envers la région tibétaine et le continent africain.

52

魏建国：此生难舍是非洲

Wei Jiangu o :

L'Afrique : ma destin é e, mon amour

中国商务部前副部长

Ancien vice-ministre chinois du Commerce

魏建国，商务部前副部长。但他更喜欢这样介绍自己：中国国际经济交流中心副理事长。他睿智风趣，观点鲜明。而丰富的对非工作经历，让魏建国与这片遥远又广袤的非洲大陆结下了深深的情缘。

Wei Jianguo, ancien vice-ministre chinois du Commerce, préfère utiliser le titre de vice-président du Centre chinois pour les échanges économiques internationaux pour se présenter. Il est intelligent, amusant et a de fortes convictions. Il a acquis une expérience africaine qui lui a permis de forger un lien profond avec ce vaste et éloigné continent qu'est l'Afrique.

"中国在这个地方（非洲），履行了自己应尽的国际义务，做出了超额的贡献。与此同时，我们通过互利合作，取得一个一个的成功典范，为南南合作、与发展中国家的合作做出了很多好的示范。"

« La Chine respecte son engagement international envers l'Afrique. D'ailleurs, notre coopération mutuellement bénéfique a servi de modèle pour la coopération Sud-Sud et avec les pays en développement. »

1973 年，刚刚进入外经贸部工作的魏建国被派往中国驻摩洛哥大使馆商务处，从此与非洲结缘。凭借多年的对非外贸工作经历，魏建国和他的同事们帮助中国了解了非洲，让中国企业走进了非洲。

Lorsque Wei Jianguo a commencé à travailler au ministère de l'Économie et du Commerce, il a été affecté au Service commercial de l'ambassade de Chine au Maroc en 1973. Dès ce moment, il s'est attaché à l'Afrique. Wei Jianguo, aidé de ses collègues, s'est appuyé sur plusieurs années d'expériences dans le domaine du commerce international en Afrique, pour faire connaître le continent aux Chinois et inviter les entreprises à faire des affaires en Afrique.

"我们希望中国各省市、各大企业重视非洲。为此，我就带着同事一块儿到各个省宣传非洲，也请他们的政府和企业到非洲搞博览会，宣传中国的产品，更重要的是，我们也请这些公司进口非洲的产品，比如说非洲的棉花。"

« Nous espérons que chaque province, municipalité, et entreprise prêtent plus d'attention à l'Afrique. Nous avons traversé le pays pour présenter l'Afrique, et les invités à se rendre sur le continent pour organiser des expositions, où ils pourront faire la promotion de produits chinois. Mais avant tout, le plus important est que nous encourageons ces entreprises à importer des produits africains, comme le coton. »

正是靠着魏建国的牵线搭桥，许多中国的民营企业看到了商机，成功进入了非洲市场。

Grâce à Wei Jianguo qui fait le pont, plusieurs entrepreneurs ont su y voir des opportunités commerciales et ont réussi à entrer sur le marché africain.

"非洲市场有这个需要，而我们的民营企业抓住机遇，顺势而为，走进了这个市场。比如说有的是需要洗衣机，有的需要空调，有的需要摩托车。而这些产品恰恰是我们民企的强项，所以一下子就成功填补了这个市场。"

« Il existe une demande sur ce marché africain, par conséquent, cela pousse les entreprises privées à entrer dans ce marché. Par exemple, certains ont besoin de machines à laver, d'autres de climatiseurs, et d'autres encore de motos. Tous ces produits sont les points forts de nos entreprises, et sont donc rapidement entrés sur le marché. »

40 ans plus tard, Wei Jianguo a été le témoin d'un miracle. En 1980, le volume total des exportations et des importations entre la Chine et l'Afrique n'était qu'un peu plus de 1 milliard de dollars, et en 2014, ce chiffre a dépassé 220 milliards de dollars.

40多年过去了，魏建国亲眼见证了奇迹的发生：1980年，中非双边进出口商品贸易总额刚刚突破10亿美元，到了2014年，双边进出口额已经突破2200亿美元。

"从目前来看，我们向非洲的投资已经渐渐转向了高科技领域，比如说IT产业。更重要的是我们好多公司帮助当地员工进行培训，比如说华为(Huawei)、中兴(ZTE Corporation)，不仅把我们的手机装配流程搬到了当地进行，而且培育了当地的技术人员。"

« À présent, lorsque nous investissons en Afrique, nous nous penchons sur le secteur de la haute technologie, comme l'industrie de l'information. Le plus important c'est que plusieurs de nos entreprises aident à former le personnel local, comme Huawei et ZTE Corporation. Non seulement nos téléphones portables sont montés localement, mais en plus le personnel technique est formé ici. »

魏建国希望把中国最好的东西带到非洲去，帮助非洲实现独立自主发展和工业化。

Wei Jianguo espère exporter les meilleurs produits chinois vers l'Afrique. Il souhaite également aider à garantir le développement indépendant et atteindre les objectifs de l'industrialisation du continent.

"我们正在与非洲合作建设好几条铁路，例如肯尼亚从港口蒙巴萨到内罗毕的这条铁路可以跟坦桑尼亚的铁路接通，未来也可以把临近的国家包括像莱索托、赞比亚、南非这一块儿区域都能连接起来，更重要的是带动了周边区域的发展。"

« Nous sommes en train de construire plusieurs voies ferrées, comme celle au Kenya qui relie Mombasa à Nairobi. Cette ligne ferroviaire pourra être reliée à la Tanzanie, les pays voisins dont le Lesotho, la Zambie et l'Afrique du Sud. Mais le plus important c'est que ce projet a stimulé le développement de la région. »

退休后，作为对自己这些年工作的回顾，魏建国于 2011 年出版了《此生难舍是非洲》一书。魏建国希望通过此书纪念那些在非洲长期艰苦工作、甚至献出宝贵生命的援非专家，同时希望更多的人能够推动中非合作朝着更加紧密、更加高效的未来扬帆远航。

Wei Jianguo a consacré la période dorée de sa vie à l'Afrique. Après sa retraite, Wei Jianguo a publié *L'Afrique : ma destinée, mon amour*, un livre qui passe en revue toutes ces années de dur labeur. Il espère que ce livre immortalisera les experts chinois qui ont travaillé au cours d'une longue période et qui ont perdu leur vie sur le continent africain. Wei Jianguo espère également que beaucoup de gens pourront, à l'avenir, devenir les promoteurs d'une coopération sino-africaine plus étroite et plus efficace.

53

徐晖：Xu Huì：
让非洲爱上“中国制造”

Témoin privilégié de l'émergence du "Fabriqué en Chine" sur le continent africain

肯尼亚金狮集团董事长

Président, Golden Lion International Ltd., Kenya

肯尼亚，内罗毕。

20 多年前，徐晖就是从这里，从内罗毕的一个商业中心白手起家。

Nous sommes à Nairobi au Kenya. Il y a une vingtaine d'années, c'est ici, dans ce centre commercial, que tout a commencé pour Xu Hui.

“我们最早是做工艺品和小礼品之类的产品，玩具类的生意。在大门口摆了两张桌子，然后在里面去练摊。刚开始生意做得很成功。乌干达有个商人找过来，我们由于当时的经验不足，所以轻信了他。最后就一直没有追回来这笔钱。这对我们打击非常大，可以说当时非常失落，甚至有点类似于绝望的感觉，我再做生意可能连起步资金都没有了。但是也是从这次挫折当中我们吸取了教训，又辟出了一条新的道路。”

« Dans le début, nous vendions des objets artisanaux, des petits cadeaux souvenirs et des jouets. Notre petite affaire a tout de suite décollé. Un jour, un commerçant ougandais s'est présenté pour faire affaire avec nous. En raison de notre manque d'expérience, nous lui avions fait confiance facilement, et au final nous n'avons jamais récupéré l'argent qu'il nous devait. Nous nous sommes retrouvés dans une situation très difficile, nous étions alors désespérés car nous manquions cruellement d'argent pour nous refaire. Mais après cet échec, nous avons décidé d'emprunter une nouvelle voie. »

中国，杭州。

今天，徐晖在这里已经有了稳定的供货商，不再游走于小商品市场挑选货物。在中国生产、内罗毕加工和包装，他的金狮电池已成为肯尼亚第一品牌，占据了将近 80% 的市场份额。

Dans la ville chinoise de Hangzhou, Xu Hui n'a aujourd'hui plus à parcourir les petits marchés de gros à la recherche de bonnes affaires. Avec les batteries de sa marque Lion d'Or, fabriquées en Chine, puis transformées et emballées à Nairobi, il réalise désormais les meilleures ventes au Kenya avec près de 80% de parts du marché.

"我们的电池产品进入肯尼亚市场，初期的时候确实障碍多多。因为刚开始当地消费者对我们的产品不了解，我们的竞争对手又给我们制造了很多的麻烦和障碍。当地政府标准局认为我们的产品很有可能是不符合他们的标准的。我们就采用了各种方法，让当地的消费者去了解、接受我们的产品，让当地的标准局去做更多的检测，我们自己也与肯尼亚标准局的官员进行了各层次的沟通。最后让他们彻底信服了我们的质量。我个人还很荣幸地被他们邀请成为肯尼亚标准局电子委员会的委员，参与制定他们电子产品的标准。"

« Une fois nos produits disponibles sur le marché kenyan, nous avons très vite rencontré de nombreux obstacles. Les consommateurs locaux ne connaissaient pas nos produits, et nos concurrents faisaient tout pour nous barrer la route. Le Bureau gouvernemental kenyan des standards n'était pas prêt à nous octroyer la certification. Nous avons alors décidé d'utiliser différentes méthodes afin que les consommateurs locaux adoptent nos produits, et nous avons également laissé le Bureau réaliser une nouvelle série de tests. Nous avons donc entamé progressivement les négociations avec les fonctionnaires du Bureau kenyan, qui ont enfin reconnu la qualité de nos produits. J'ai été personnellement invité à devenir membre de la Commission des certifications et des homologations des produits électroniques du Bureau, et je participe maintenant au processus d'élaboration des nouvelles normes électroniques. »

20 年来，"中国制造"在非洲大陆从不被认可到广受好评，经历了一个曲折艰难的过程。徐晖既是这个过程的见证者，也是推动者。早在建立电池工厂前，他曾经是肯尼亚电信部门主要的电脑供应商。

En l'espace d'une vingtaine d'années, le "Fabriqué en Chine" a connu un processus tortueux et difficile avant d'être reconnu par les pays africains. Xu Hui est non seulement l'un des témoins privilégiés de ce processus, mais il en est surtout l'un des promoteurs de premier plan. Bien avant d'avoir mis sur pied son usine de production de batteries, il était le principal fournisseur d'ordinateurs du secteur kenyane des télécommunications.

"曾经遇到的最大的困难，就是当地人对于我们中国的产品有一个传统的认知上的误区。他们认为中国的产品很 Cheap，在价格上很便宜，在质量上很低档。记忆最深的一个故事：当时我去肯尼亚政府一个部门推销电脑产品，见他们的 IT 经理。见了之后我跟他介绍我的产品。他很不耐烦地和我说，他对中国产品不信任。在这个谈话过程当中，他接了一个电话。我看见他的桌上摆了一台电脑，我把显示器放过来看了一下，发现上面有一个小铭牌，写着 Made in China。当时我就很激动，等采购经理接完电话，我说，经理先生，我想请你看一下，你一直告诉我，你不信任中国的产品，但是你自己用的产品就是 Made in China 的。经理很吃惊，他向我道歉：他说你当着我的面给了我一个很大的耳光。"

« Nous avons dû faire face à un grand défi, à savoir faire la méconnaissance habituelle des produits chinois par la population locale. Selon eux, les produits chinois ne peuvent être que Cheap, peu cher et à la qualité médiocre. L'histoire qui m'a le plus marqué est celle du jour où je suis parti présenter nos produits au directeur informatique d'une administration gouvernementale kenyane. Après m'avoir écouté, il n'a pas hésité à dire tout le mal qu'il pensait des produits chinois. À un moment, alors qu'il était au téléphone, j'ai approché l'écran d'ordinateur vers moi, et derrière il y avait une petite plaquette sur laquelle était inscrit "Fabriqué en Chine", et cela m'a tout de suite choqué. J'ai attendu qu'il termine sa conversation pour lui montrer l'inscription. Et là, je lui ai clairement dit, vous voyez, vous méprisez à tort les produits chinois alors que sur l'ordinateur que vous utilisez au quotidien il est clairement indiqué "Fabriqué en Chine". Il s'est alors excusé, et m'a dit que je venais de lui mettre une claque en pleine figure. »

从无到有，徐晖和他的“中国制造”已经在肯尼亚站稳脚跟。但是他并没有就此停止前进的步伐。2013年他新推出的尿不湿产品，现在已经是肯尼亚很受欢迎的品牌了。他计划与泉州的纸业供货商合作，在肯尼亚合资建立工厂，把更多物美价廉的“中国制造”带入肯尼亚。泉州，是徐晖的新起点。

Partis de rien, Xu Hui et son "Fabriqué en Chine" sont aujourd'hui fermement ancrés au Kenya. Mais il ne ménage pas ses efforts pour autant. En 2013, sa marque de couches-culottes a très rapidement trouvé un écho auprès des consommateurs locaux. Il envisage même avec ses nouveaux partenaires de Quanzhou d'investir dans la construction de nouvelles usines au Kenya, afin de permettre à davantage de produits "Fabriqués en Chine" à la fois bon marché et de bonne qualité, d'être commercialisés au Kenya. C'est donc depuis Quanzhou, point de départ de la Route de la Soie maritime, que la nouvelle aventure de Xu Hui s'élancera.

54

Xu Wen :

徐文：中非遥感卫星合作领路人

Éclaireur pour la télédétection par satellite en Afrique

中国资源卫星应用中心主任

Directeur du Centre chinois pour l'application des données des ressources satellitaires

中国资源卫星应用中心，坐落于中国首都北京航天城。该中心成立于1991年，是中国的陆地、气象、海洋三大卫星应用中心之一。徐文身为国家资源一号系列卫星地面系统总指挥兼总设计师，在工作中与非洲结下了不解之缘。

Le Centre chinois d'application des ressources satellitaires se situe à Hangtiancheng, ou Cité aérospatiale, dans l'agglomération de Beijing. Il a été construit en 1991 et a fait partie des trois centres d'application, à savoir la terre, la météo et les océans. Xu Wen, directeur du centre, est également commandant et concepteur en chef du Système terrestre satellitaire pour la série CBERS-01. À force de travailler, il a noué un lien inséparable avec l'Afrique.

"应该说南部非洲在地理环境上和我们有很大的互补性。我们境内的观测弧度有限，在那里就可以实现全方位观测，我们释放的地球上空运行的卫星能够进行更长时间的观测和拍照。"

« Je dirais que l'Afrique australe, en matière de conditions géographiques, est complémentaire pour nous. Nous sommes limités en termes d'angle d'observations sur le sol chinois. Or avec une station de réception installée en Afrique, notre satellite en orbite autour de la Terre peut nous offrir un temps d'observation et de prise d'images plus long. »

2007 年，在南非召开的地球观测组织大会上，中国正式宣布将用自己研制的卫星，在非洲国家进行数据落地。这也是中国和非洲在遥感卫星技术领域进行的首次合作。而落实这一任务的重任，就交给了徐文所在的中国资源卫星应用中心。2010 年 12 月，徐文第一次踏上非洲的土地，南非是他访问的第一个非洲国家。

En 2007, lors d'un sommet du Groupe de l'observation de la Terre (GEO) tenu en Afrique du Sud, la Chine a officiellement déclaré vouloir établir des bases de réception des données à partir des satellites de conception chinoise dans des pays africains. Il s'agissait de la première coopération sino-africaine dans le domaine de la télédétection par satellite. Cette importante responsabilité a été confiée au Centre d'application de ressources satellitaires de Xu Wen. En décembre 2010, Xu Wen s'est rendu pour la première fois sur le continent africain. Le premier pays qu'il a visité a été l'Afrique du Sud.

"我们与南非在航天领域的合作目标有两个：第一就是帮他们建一个能够接送卫星的地面系统，包括接收数据，把它处理成产品。第二就是我们向他们无偿提供我们的卫星遥感数据。"

« Parmi les divers programmes de coopération spatiale avec l'Afrique du Sud, nous les aidons en premier lieu à construire un système terrestre de réception, qui est d'ailleurs capable de recevoir des données et de les transformer en produits. Ensuite, nous partageons gratuitement avec eux des informations émises par nos satellites de télédétection. »

南非当地时间2015年12月2日，徐文主任与南非国家航天局CEO马林葛博士（Dr. Malinga）在比勒陀利亚的南非总统府正式签署了"CBERS-04卫星南非地面系统最终交付协议"。其接收范围可以覆盖非洲南部14个国家和地区，约2000万平方千米。

Le 2 décembre 2015, Xu Wen a rencontré au Palais présidentiel à Pretoria le Dr. Malinga, directeur de l'Agence spatiale sud-africaine, pour signer l'accord final de livraison du système satellitaire terrestre sud-africain « CBERS-04 », dont les domaines de réception pourront couvrir les 14 pays et régions de l'Afrique australe, soit 20 millions de km².

"这个是非常好的一件事。首先，在他们的使用过程中带动其他国家参与，其实也宣传了我们中国航天；而且对他们资源环境保护的意义非凡，这个对非洲非常重要。世界上未被开发的自然资源已然不多了，既然是稀缺资源，那在他经济、科技发展的过程中，对这些自然资源的保护要更加用心。"

« C'est une chose merveilleuse. À travers ce processus, le professionnalisme de la Chine dans le domaine spatial est mis en avant, et par ailleurs, cela leur permet de mieux protéger leurs ressources environnementales, ce qui est très important pour l'Afrique. Il ne reste que peu de ressources naturelles sur Terre qui n'ont pas encore été exploitées. Cela leur permettra de mieux se protéger tout en développant leur économie et leur technologie. »

资源一号 04 卫星南非地面系统的成功，既拓展了两国的高科技合作领域，也为航天科技服务于非洲南部地区的经济建设和社会发展构建了新的平台。

Le succès du système terrestre satellitaire de l'Afrique du Sud pour CBERS-04 a permis d'élargir le domaine de coopération entre les deux pays, et de construire une nouvelle plate-forme permettant de mettre l'aérospatial au service du développement économique et social de l'Afrique australe.

"我们和南非这个项目从 2007 年开始，目前已将近 10 年。同时我们和北边的埃及现在也在谈合作，重点也是想把我们的卫星数据在埃及落地。我们目前在谈的还有肯尼亚，因为他刚好在非洲的东边，另外还有阿尔及利亚和尼日利亚，一个是卫星数据的落地，一个是数据应用方面的合作，非洲目前大概有四五个国家将要进行合作。我们希望航天领域的合作能够成为中非合作领域的标志性合作项目。"

« Nous avons démarré ce projet avec l'Afrique du Sud en 2007, il y a presque 10 ans déjà. Nous sommes également en discussion avec l'Égypte. Nous espérons pouvoir y placer une base de réception de données. Nous discutons également avec le Kenya qui se trouve en Afrique de l'Est. Il y a aussi l'Algérie et le Nigeria, pour coopérer dans la réception et l'application de données. Il y a 4 ou 5 pays africains avec lesquels nous allons coopérer. Nous souhaitons que la coopération sino-africaine dans le domaine spatial devienne un symbole des échanges sino-africains. »

目前，航天领域已经被纳入中国"一带一路"的倡议，徐文希望在未来中国的遥感技术可以为整个非洲地区服务。

Actuellement, l'aérospatial a été intégré à l'initiative chinoise « une Ceinture, une Route » pour la stratégie de développement économique. Xu Wen espère que dans le futur la technologie de la télédétection chinoise sera mise au service de l'ensemble du continent africain.

55

Xu Xianze & Huang Kejun :

徐贤泽、黄克俊：中国第一支援阿尔及利亚医疗队的故事

Histoire de la première équipe d'assistance médicale chinoise en Algérie

中国第一支援阿尔及利亚医疗队队员

médicale de la première équipe d'assistance médicale chinoise en Algérie

2016 年 4 月 6 日，中国武汉。53 年前的同一天，中国第一支援阿尔及利亚医疗队第一批 13 名队员，正式启程前往阿尔及尔。

Nous sommes le 6 avril 2016 à Wuhan, dans le centre de la Chine. Il y a 53 ans jour pour jour, les 13 membres de la première équipe d'assistance médicale chinoise en Algérie débutent officiellement leur long voyage entre Beijing et Alger.

黄克俊："我们要组建一个医疗队，要到非洲去。"
徐贤泽："也不知道什么情况，前无古人。"

Huang Kejun : « Nous devions former une équipe médicale pour aller en Afrique. »
Xu Xianze : « Cette décision est vraiment sans précédent. »

1962 年 7 月，阿尔及利亚宣布独立，此时，全国的法籍医生几乎全部撤走。缺医少药的阿尔及利亚向国际社会求援，中国第一个响应，并迅速派出首支援阿医疗队。

Au mois de juillet 1962, l'Algérie proclama son indépendance, et quelques mois après, la grande majorité des médecins français avaient quitté le pays. L'Algérie, en manque cruel de services de santé, a dû faire appel à la communauté internationale pour lui venir en aide. La Chine fut la première à répondre, et quelque temps après, elle envoya en urgence la première équipe d'assistance médicale chinoise dans le pays.

徐贤泽："他告诉我，我们医院共送了 3 份人事档案，现在只剩下你 1 个人。我们是三月份集中的，四月份出发的。"

Xu Xianze : « Il m'a dit que notre hôpital avait déjà envoyé les dossiers de trois candidats, et qu'il ne restait plus qu'à sélectionner le mien. Nous avons été réunis en mars pour partir en avril. »

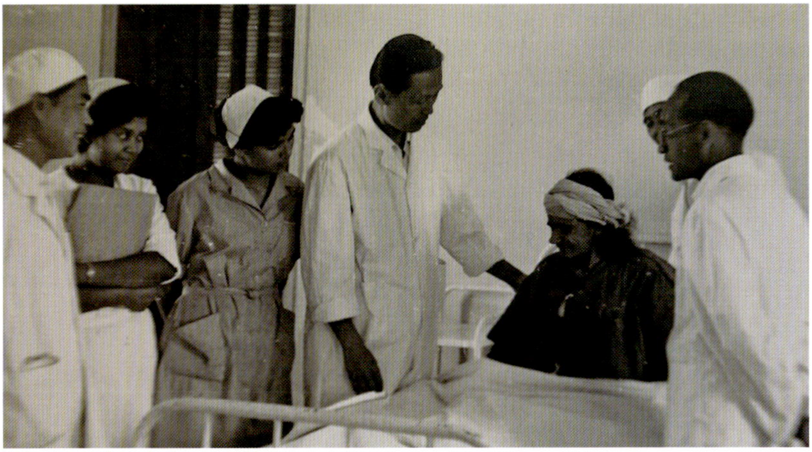

现年96岁的黄克俊老先生是在世的年岁最大的队员，当时他任医疗队的外科医生。同行的（82岁的）徐贤泽当年年仅29岁，在湖北中医学院附属医院检验科任职，因为业务水平过硬被选中。但当时他家中妻子已有7个月的身孕，孩子还没出生，医疗队就准备出发了。

À 96 ans, le vieux Huang Kejun est aujourd'hui le doyen de cette aventure. Il était à l'époque le chirurgien de l'équipe. Xu Xianze, aujourd'hui âgé de 82 ans, avait seulement 29 ans à l'époque où il travaillait dans un laboratoire de l'hôpital de Médecine traditionnelle chinoise du Hubei. Le jeune homme sélectionné en raison de ses excellents états de service, devait se résoudre à quitter sa femme enceinte de 7 mois.

徐贤泽："她说你走了以后，给肚子里的孩子留个名吧。我就跟她讲，生个男的就叫彬，生个女的就叫文，取文质彬彬之意。"

Xu Xianze : « Ma femme m'a demandé de choisir le prénom de notre enfant avant de partir. Je lui ai alors dit de l'appeler Bin si c'était un garçon, ou bien Wen si c'était une fille, dans l'espoir qu'il ou elle devienne une personne distinguée et courtoise à l'avenir. »

1963年4月16日，由13人组成的第一批医疗队历经10天的旅途，最后抵达阿尔及利亚赛以达医疗站。塞以达靠近撒哈拉沙漠，这里生活的牧民生活贫苦，体质孱弱，医院医疗设备简陋，条件很差。

Le 16 avril 1963, après 10 jours d'un long périple, l'équipe d'assistance a fini par arriver à la station médicale algérienne de Saïda. Cette dernière se situe aux portes du désert du Sahara, les bergers nomades de la région vivaient dans des conditions extrêmement difficiles et souffraient tous de carences physiques. À cela s'ajoutait la quasi-absence d'installations et de matériels médicaux de base.

徐贤泽："法国人走的时候，对那里破坏很厉害，什么都带走了，几乎什么都不剩了。"

Xu Xianze : « Les Français ont tout détruit à leur départ, et ont tout emporté sans rien laisser derrière eux. »

有一次，医疗队接诊了一个难产妇。

Un jour, l'équipe médicale a même dû traiter en urgence une femme présentant des complications de grossesse.

徐贤泽："恰恰要给她做手术的时候，那时是封斋节，白天不能吃点东西怎么让人献血，紧急的不得了了。"
黄克俊："徐贤泽一个，和我们另外一个年轻的外科医生，他们两个一起献血。"

Xu Xianze : « Nous étions justement sur le point de l'opérer. Nous étions en plein Ramadan et personne ne mangeait la journée, la situation était donc critique pour trouver des donneurs de sang. »
Huang Kejun : « Xu Xianze et un autre jeune chirurgien ont tous les deux fait don de leur propre sang. »

最终这个难产妇得救了。

援阿期间，中国医疗队一共进行了3000多台手术，被当地政府和人民称为"最可信任的人"。最初约定的半年援助期，后来阿尔及利亚强烈挽留，延长到两年半。这期间，徐贤泽最难过的就是想家。

La jeune femme enceinte a finalement été sauvée. À l'époque, les médecins de l'équipe chinoise ont pratiqué plus de 3000 opérations. Leur dévouement total leur a ainsi valu d'être qualifiés par la population et les autorités locales de "Personnes les plus dignes de confiance". La mission qui ne devait durer que 6 mois au départ, s'est finalement prolongée à deux ans et demi sur insistance des autorités algériennes.

徐贤泽："我出国之前，孩子还没出生。我回国的时候，孩子已经两岁多了。我当时上身穿了一个皮夹克，下面穿了一条黑呢子裤子。显得比较年轻，周围的同事们就逗他，喊'哥哥'，他上下一看，第一声喊我，不是喊'爸爸'，'哥哥'，喊'哥哥'。"

Xu Xianze : « Mon fils n'était pas encore né lorsque je suis parti. À mon retour, il avait déjà plus de 2 ans. J'avais l'habitude de porter à l'époque une veste en cuir et un pantalon noir, ce qui me faisait paraître plus jeune que mon âge. Mes collègues voulant me taquiner, disaient à mon fils de m'appeler "Grand frère". Il m'a donc appelé pour la première fois "Grand frère" et non "Papa" ».

50 年前，黄克俊和徐贤泽在内的 24 名医护人员，远离祖国，在遥远的非洲大陆，用真诚和医术为中非播种下第一颗友谊的种子。

Il y a 50 ans loin de leur mère-patrie, Huang Kejun, Xu Xianze ainsi que les 22 autres membres de l'équipe médicale chinoise ont conjugué médecine et sincérité pour planter les premières graines de l'amitié sino-africaine.

56

姚明：为保护非洲野生动物而战

Yao Ming : Une star de la NBA contre le braconnage en Afrique

中国篮球明星，野生动物保护大使

Star chinoise du basket-ball et défenseur de la faune sauvage africaine

（姚明公益广告）飞身封盖，挡住射向大象的子弹……现实生活中，姚明为保护野生动物采取了同样果断的行动。2012 年 和 2013 年，这位传奇篮球明星两次赴非洲，向当地猖狂的盗猎宣战。

Il s'élance et d'un contre, arrête la balle… Et dans la vie réelle, Yao Ming est tout aussi décisif dans la défense de la faune sauvage. En 2012 et 2013, la star légendaire du basket-ball s'est rendue par deux fois en Afrique pour y déclarer la guerre au braconnage.

“当时计算下来差不多每15分钟就有一只大象被猎杀掉。每15分钟！非洲现在大概还有20万头大象。大家可以拿出计算机算一下，这个能够持续多久？”

« À l'époque, on estimait qu'un éléphant était assassiné toutes les 15 minutes par des braconniers. Toutes les 15 minutes! Aujourd'hui, on recense encore près de deux cent mille éléphants en Afrique. Chacun peut faire soi-même le calcul. Combien de temps cela peut-il encore continuer ? »

由于人类的活动，非洲最具标志性的两种动物——大象和犀牛正濒临灭绝。血淋淋的盗猎现场刺痛着姚明。而另一方面，在非洲大地才能体会到的人与自然的紧密联结，让姚明深为感动。

En raison de l'activité humaine, les deux animaux les plus emblématiques d'Afrique, à savoir l'éléphant et le rhinocéros, sont aujourd'hui au bord de l'extinction. Sur ce continent, Yao Ming a souvent été choqué par les scènes sanglantes de braconnage tout en étant touché par la symbiose qui existe entre l'homme et la nature.

“当你看到这些动物的时候，你真的会感觉到变得很不一样，而且我的感觉是说确实我们应该去保护它们。只有你触摸过它，看到过它，并不是通过屏幕、通过图片，而是亲眼看到过它，你才会去赞叹大自然的美丽，大自然的神奇，大自然的伟大。而我们只是所有环节中的一部分。”

« Quand vous voyez ces animaux, vous vous sentez tout à coup très différent, et vous ressentez vraiment le besoin de les protéger. Vous devez aller les toucher, les voir, non pas à travers un écran ou des photos, mais aller les voir sur place. Vous pouvez ainsi découvrir par vous-même la beauté et les mystères de la nature à l'état sauvage, mais également sa toute-puissance. Nous ne sommes qu'un simple élément au milieu de tout cela. »

姚明还来到了非洲最古老的部落之一——桑布鲁(Samburu)。在那里，他了解到大象观光活动为桑布鲁人的教育、医疗带来了资金，如果没有大象，桑布鲁人将无法生存。

Yao Ming s'est même rendu chez les Samburu, l'une des plus anciennes tribus africaines. Là-bas, il a constaté que le tourisme lié aux éléphants représentait une source de revenus indispensable pour leur éducation et les soins médicaux. Sans les éléphants, la tribu Samburu aurait tout simplement disparu.

"他们和我们很多淳朴的中国人没有什么两样。靠山吃山靠水吃水。一头大象它所带来的旅游GDP可以支持当地差不多50个孩子的教育。他们也自发地有很多巡逻队，荷枪实弹的，就是为了去保护这样一片动物保护区。"

« Ils partagent beaucoup de points communs avec certaines populations chinoises. Ils vivent en effet en parfaite harmonie avec la nature. La richesse produite localement par les activités touristiques autour d'un seul éléphant contribue à financer l'éducation d'une cinquantaine d'enfants. Ils effectuent ainsi beaucoup de patrouilles spontanées, et lourdement armées, afin de protéger la réserve d'animaux. »

(桑布鲁人赠予姚明桑布鲁勇士长矛)

"姚明，我们赠予你这支长矛，你是我们桑布鲁的勇士、大象的保护者。"

(Les Samburu offrent à Yao Ming unc lance de guerrier)
« Yao, nous allons t'offrir cette lance, en tant que guerrier Samburu et protecteur des éléphants. »

姚明很快行动起来，他把非洲之行写成博客、出书，甚至在政协会议上递交禁售象牙的提案……

Yao Ming n'a pas tardé à raconter son voyage en Afrique sur son blog et par l'écriture d'un livre, mais également en soumettant une motion d'interdiction de la vente d'ivoire lors de la session de la Conférence consultative politique du Peuple chinois, la CCPPC.

“不要以为自己离非洲太远而做不了事。每个人传递信息，并且去影响周围的人，让大家都不要去购买野生动物制品，当我们从源头上控制这个东西以后，非洲自然被保护住了。”

« Il ne faut pas croire que l'éloignement vis-à-vis de l'Afrique doit nous empêcher d'agir. Chacun doit transmettre le message et influencer les personnes qui nous entourent, nous devons faire en sorte que personne n'achète d'objets en lien avec la faune. Lorsque nous parviendrons à contrôler le problème à la source, alors la faune africaine sera en sécurité. »

值得高兴的是，越来越多的人正在加入野生动物保护的行列。

（威廉王子，贝克汉姆和姚明合拍的公益广告）

La bonne nouvelle est que de plus en plus de personnes rejoignent les rangs de la protection de la faune.

“你能想象全世界的人都挤在一个足球场里的样子吗？”
“遗憾的是，一个足球场就能容纳全世界的野生犀牛，甚至还有空余。”
“没有买卖，就没有杀害。”

« Imaginez qu'un stade puisse accueillir toute l'humanité. »
« Malheureusement, on pourrait y mettre tous les rhinocéros de la planète, et il resterait de la place. »
« Quand les achats cessent, les massacres aussi. »

Récemment, le Kenya a fait un geste fort, avec la destruction publique du plus grand stock d'ivoire et de cornes de rhinocéros de toute l'histoire du pays. Yao Ming s'est empressé d'apporter son soutien à l'action menée par le gouvernement kenyan. La star espère retrouver un continent plein de vie lorsqu'il retournera en Afrique, cette Afrique qui le fascine tant !

遥远的肯尼亚也传来好消息，史上最大的象牙和犀牛角库存被公开销毁。姚明第一时间对肯尼亚政府的做法表示支持。他多么希望重返那个令他梦萦魂牵的地方的时候，会看到一片生机勃勃的景象。

57

袁隆平：造福世界人民

Yuan Longping : Œuvrer pour le bonheur de l'Humanité

国家杂交水稻工程技术研究中心主任

Directeur du Centre national chinois de recherche et de développement sur le riz hybride

在马达加斯加，大片翠绿的水稻长势喜人。但这些庄稼并不是当地的普通品种，而是由一位已经 86 岁高龄的中国科学家耗费毕生心血研发出的高产杂交水稻。

À Madagascar, les cultures de riz d'un vert émeraude sont luxuriantes. Et pourtant, elles ne sont pas communes aux variétés que l'on retrouve localement. Elles sont le fruit des travaux de recherches d'un scientifique chinois de 86 ans, qui a passé toute sa vie à mettre au point un riz hybride à haut rendement.

“非洲产量很低，每公顷也就是 1.5 ~ 2 吨，我们的杂交水稻随便种种就是 5 ~ 6 吨，7 ~ 8 吨，高产的 10 吨。是他们的 3 倍，4 倍，5 倍，很有前途。”

« La production africaine est très faible, elle s'élève seulement à 1.5 voire 2 tonnes par hectare, alors que celle de nos variétés hybrides de riz atteint facilement les 5 à 6 tonnes, voire même 7 à 8 tonnes, et les plus hauts rendements atteignent les 10 tonnes par hectare. Cela représentait 3, 4 voire 5 fois leurs volumes. Le potentiel y est encore énorme. »

袁隆平，中国著名农学家，中国工程院院士。他出生于北京，成长在湖南。从 20 世纪 60 年代初开始，他带领团队着手研究高产水稻。经历了重重困难，最终杂交水稻得以问世，这解决了世界人口的粮食问题。

Yuan Longping, célèbre agronome chinois et membre de l'Académie chinoise d'Ingénierie, est né à Beijing et a grandi dans le Hunan. À partir du début des années 1960, il dirigea l'équipe de recherche sur le riz hybride à haut rendement. Après avoir rencontré de nombreuses difficultés, le riz hybride a finalement pu voir le jour, afin de résoudre les problèmes alimentaires de toute la population mondiale.

“我们国家粮食不够哩，懂了吧。自给率 89% 哩，还有 11% 要靠进口哩。包括小麦、大米，要进口的，还有一个大豆。主要是 7000 万吨的大豆，要进口 1 亿吨的粮食。”

« La nourriture dans notre pays n'est pas suffisante, vous devez le savoir. Nous ne produisons que 89% de nos besoins, et nous devons donc importer les 11% restants. Nous devons notamment importer du blé, du riz et principalement du soja, nous en importons soixante-dix millions de tonnes, sur près d'une centaine de millions de tonnes de céréales importées au total. »

在 20 世纪 80 年代和 90 年代，袁老曾经两次到访埃及，与当地的杂交水稻育种官员进行交流。时至今日，能在非洲普及自己的杂交水稻仍是他心中的夙愿。

Dans les années 1980 et 1990, M. Yuan s'est rendu par deux fois en Égypte, où il a pris le temps d'échanger avec les experts locaux sur la culture du riz hybride. Il espère depuis toujours voir le riz hybride qu'il a élaboré être popularisé sur tout le continent africain.

"比较成功的就是在马达加斯加，面积也比较大，增产幅度比较大。再有非洲还有一个叫利比里亚，他们的总统到我们中心去访问过，面积不太大。在非洲发展杂交稻呢，潜力很大，但是问题还不少。"

« Notre riz hybride a connu des succès dans plusieurs pays africains, comme à Madagascar où la superficie cultivée est relativement grande, et la croissance des rendements est significative. Il y a aussi le Libéria, dont le président est même venu visiter notre centre de recherche, cependant la superficie cultivée n'y est pas importante. Il y a encore un grand potentiel de développement du riz hybride en Afrique, mais certains problèmes subsistent toujours. »

为了帮助非洲人民掌握杂交水稻的种植技术，袁老付出了很多努力。直到现在，他每年都会在他工作的湖南杂交水稻研究中心组织非洲学员培训班。学员来自非洲数十个国家。

Yuan Longping n'a pas ménagé ses efforts pour aider les peuples africains à maîtriser la technologie de la culture du riz hybride. Jusqu'à présent, il organise chaque année dans son centre de recherche sur le riz hybride du Hunan, des séances de formation pour les étudiants venant d'une dizaine de pays africains.

"每年有少则五六次、多则十几次的培训班，每次培训少则十几个人，多则二三十人。每期培训少则一个星期，多则三个月。我们班培训了3000多人，主要是亚洲和非洲发展中国家的技术干部。"

« Nous organisons 5 à 10 fois par an, plusieurs séances de formation pouvant accueillir entre une dizaine et une vingtaine de personnes. Chaque séance peut durer entre une semaine, voire même près de trois mois pour les plus longues. Nous avons à ce jour formé plus de 3000 personnes, principalement des cadres techniques des pays en développement d'Asie et d'Afrique. »

鉴于他对非洲做出的贡献，2012年，袁隆平获得了由中非友好协会颁发的“中非友好贡献奖”。在他看来，政府应该出台政策鼓励企业走出国门。

En récompense de sa grande contribution au continent africain, l'Association d'Amitié Chine-Afrique lui a décerné en 2012 « Le Prix de la Contribution à l'Amitié sino-africaine ». Yuan Longping rappelle que la nouvelle génération de dirigeants du gouvernement chinois devrait davantage promouvoir les politiques visant à encourager les entreprises chinoises à se développer à l'étranger.

“我们希望通过政府间的接触、企业间的合作，来发展杂交稻。”

« Nous espérons ainsi à travers les contacts entre les gouvernements, la coopération entre les entreprises, développer le riz hybride sur une plus grande échelle. »

已至耄耋之年的袁隆平身体依然十分健朗。在空闲的时候他会和家人在一起。但他每天都会坚持去试验田里察看自己的超级水稻。

Yuan Longping affiche encore une santé de fer du haut de ses 86 ans. Il passe aujourd'hui la plus grande partie de son temps libre avec sa famille. Mais il persiste à vérifier chaque jour les parcelles expérimentales de son riz de qualité supérieure.

"我有两个梦，一个是我的超级稻'禾下乘凉梦'，我梦见我的试验田水稻长得有高粱那么高，穗子有扫帚那么长，籽粒有花生米那么大。第二个梦，叫杂交水稻'覆盖全球梦'，全球现在有22亿亩稻田，我们希望有一半种上杂交稻，可以多养活4亿～5亿人口。"

« J'ai deux rêves. Le premier s'appelle " Dormir à l'ombre des pieds de riz ". J'ai rêvé un jour que les pieds de riz de mes parcelles d'expérimentation étaient aussi hauts qu'un sorgho, leurs franges aussi longues qu'un balai, et leurs grains aussi gros qu'une cacahuète. Mon deuxième rêve porte le nom de "Recouvrir la terre entière ". Il y a aujourd'hui environ 146 millions d'hectares de rizières dans le monde, et nous espérons que la moitié soit recouverte par les cultures de riz hybride, nourrissant ainsi entre 400 et 500 millions d'humains en plus. »

58

张华荣：用中国文化助力埃塞俄比亚轻工业发展

Zhang Huarong: Laisser une empreinte chinoise via l'industrie légère en Éthiopie

中非民间商会副会长，华坚集团董事长

Vice-président de la Chambre civile de commerce sino-africaine et président du Groupe Huajian

张华荣的办公室门上挂着两面钟，一面是埃塞俄比亚时间，一面是中国时间，它们之间相差 5 小时，而在张华荣这里，它们是同步的。

Deux horloges sont accrochées au mur du bureau de Zhang Huarong. L'une indique l'heure de l'Éthiopie, l'autre celle de la Chine. Le décalage horaire est de cinq heures, mais pour Zhang Huarong, le temps est synchronisé.

"你们一定要抓紧时间啊……"（张华荣叮嘱屏幕对面的埃塞俄比亚工程人员把握施工进度。）

« Il faut vraiment que vous vous dépêchiez... »

在广州的办公室里，与埃塞俄比亚的视频工程会议正在紧张进行中，总投资 32 亿美元的埃塞俄比亚中国轻工业城正在紧锣密鼓的建设之中。

Dans le bureau de Guangzhou a lieu une vidéo-conférence sur un important projet en Éthiopie et le temps presse. L'investissement total de la création de la ville de l'industrie légère aux caractéristiques chinoises s'élève à 3,2 milliards de dollars.

"我不仅要自己走出去，也要在埃塞俄比亚为中国轻工产业走出去打造一个高效的、环保的、文明的、和谐的中国式的轻工业城，为埃塞俄比亚的经济发展、为中国企业的可持续发展做一个硬件、软件平台。"

« Je ne voulais pas seulement m'en sortir, je voulais également ouvrir la voie à l'industrie légère chinoise en Éthiopie afin de bâtir une ville de l'industrie légère aux caractéristiques chinoises, efficace, civilisée, écologique et harmonieuse, ainsi que de développer l'économie éthiopienne et de créer une plate-forme de développement durable. »

从白手起家，到成为中国最大的女鞋生产企业的当家人，张华荣的创业历程三起三落。也正是因为张华荣的进取与创新意识，他看准非洲机遇，成为中国鞋业界"产业转移"的先锋。

Zhang Huarong a fait fortune à la force du poignet et est devenu le plus important producteur chinois de chaussures pour femmes. Le processus de création de l'entreprise a cependant connu des hauts et des bas. C'est cependant grâce au courage et au sens de l'innovation, et parce qu'il a su voir le potentiel de l'Afrique, que Zhang Huarong a transféré une partie de ses productions et est devenu le pionnier de l'industrie cordelière chinoise en Éthiopie.

"我们原来是做女鞋的，美国50个女鞋的大品牌应该有30个都在我们家生产。中国的硫化鞋到美国去有12%～30%以上的关税，从非洲出口到美国是零关税。这块到非洲去生产还是有优势的。"

« Au début, on produisait déjà des chaussures pour femmes. Parmi 50 grandes marques américaines de chaussures pour femmes, 30 étaient produites chez nous. Les exportations de tennis de la Chine vers les États-Unis sont taxées de 12 % à 30 % de droits de douane, mais les exportations d'Afrique aux États-Unis sont exemptées de taxes douanières. Produire des chaussures en Afrique est donc un atout. »

张华荣在2011年9月决定赴埃塞俄比亚投资之后，更是完成了一项看似"不可能的任务"——用3个月时间完成开工投产。

Zhang Huarong a décidé de se rendre en Éthiopie en septembre 2011. Et à la surprise générale, les premières opérations d'usine ont commencé au bout de seulement trois mois.

"当时决定了以后，我们第一件事就是去非洲埃塞俄比亚招了 100 多名工人到江西赣州分公司去培训。到 12 月底的时候，埃塞俄比亚在中国培训的 130 名员工（和）200 多名中国员工一起空运过去，我们在当地也培训了 100 多名员工，这 500 多名员工就在 30 日正式开业了。"

« Après la prise de décision, la première chose que nous avons faite a été de recruter une centaine d'employés éthiopiens et de les former à Ganzhou, dans la province chinoise du Jiangxi. À la fin du mois de décembre, 200 ouvriers chinois se sont rajoutés aux 130 ouvriers éthiopiens pour s'envoler ensemble en Éthiopie. On a par ailleurs formé 100 employés sur place, et l'usine est entrée en production avec ces 500 employés le 30 décembre. »

这般的高能高效所依靠的就是张华荣创业过程中总结出的管理经验。每天清晨，军事化早课使埃塞俄比亚员工如中方员工一般整齐划一。张华荣时常与员工同吃同住，向员工介绍吃苦耐劳的中国文化。

Tout ceci est le fruit des expériences professionnelles de Zhang Huarong. Tous les jours, à l'aube, comme des soldats, les ouvriers éthiopiens se sont adaptés au rythme chinois. Zhang Huarong mangeait et logeait souvent avec ses employés pour leur transmettre le dur sens du labeur chinois.

"（当时培训的埃塞员工中）有语言天赋比较好的小孩子，我呢就挑选了 6 个当我的干儿子，让他们更贴近我们，来家里过生日、吃饭，了解我们的生活，我还希望培养他们当干部。结果回去以后，很多被其他公司挖走了。"

« Plusieurs travailleurs éthiopiens avaient un don pour l'apprentissage du mandarin. J'en ai pris 6 sous mon aile, je les considérais comme mes propres fils, je les invitais à manger à la maison, on fêtait les anniversaires ensemble, je leur ai appris la culture chinoise et comment devenir un cadre. Mais nombre d'entre eux, après avoir été formés, ont été recrutés par d'autres entreprises... »

在埃塞俄比亚建厂这4年里，有100多名员工在学成之后辞职，另谋高就，张华荣每每谈起虽有遗憾，但也笑称，就算是为当地培养管理人才做公益了吧，希望他们能够把中国的经验和文化传播出去。

Lors de ces 4 années en Éthiopie, plus de 100 employés formés ont démissionné pour trouver un meilleur emploi. Zhang Huarong relate souvent cette anecdote et ce regret, mais tout en gardant le sourire. Il pense qu'il s'agit d'un intérêt public que d'avoir formé des gérants talentueux et espère que ces derniers transmettent l'expérience et la culture chinoise à d'autres.

"（在埃塞俄比亚）我最感动的、最激动的就是那么多员工在我们公司上班，在饭堂一起吃饭，当我说大家好的时候，他们对我笑，（我心里觉得）我们还是受人尊重的，那种（友谊、真诚的）感觉特别好……"

« Le souvenir le plus touchant et le plus émouvant que j'ai gardé de l'Éthiopie est celui de tous ces ouvriers qui travaillaient ensemble dans notre entreprise et mangeaient dans la même cantine. Et lorsque je les complimentais, ils me souriaient en montrant une rangée de dents blanches. Je trouve que nous sommes respectés. On est baigné dans l'amitié et la sincérité, c'est une très bonne sensation.»

59

张明：离不开非洲的外交官

Zhang Ming:

Une carrière diplomatique dédiée à l'Afrique

中国外交部副部长

Vice-ministre chinois des Affaires étrangères

中国外交部副部长张明，1983 年进入外交部西亚北非司工作。不久即被派驻北非地区，开启了他与非洲的不解之缘。随后 20 多年里，他主要从事对西亚北非地区的外交工作。2006 年出任中国驻肯尼亚大使，开启了他对撒哈拉以南非洲的外交工作。多年的外交生涯中，张明最难忘的经历是 2007 年，他应邀出席索马里全国和解大会。他也是 1991 年索马里内战后，第一位到访索马里首都摩加迪沙的中国政府官员。

Zhang Ming, vice-ministre chinois des Affaires étrangères, a débuté sa carrière au Département des Affaires d'Asie de l'Ouest et d'Afrique du Nord en 1983. Peu de temps après, il a été affecté en Afrique du Nord, et depuis, un lien indissoluble l'unit à l'Afrique. Il s'est occupé des affaires diplomatiques de ces deux régions pendant plus de 20 ans avant d'être nommé au poste d'Ambassadeur de Chine au Kenya en 2006, et a entamé le travail diplomatique avec l'Afrique subsaharienne. Au cours de sa longue carrière diplomatique, le moment le plus inoubliable qu'il a vécu a été en 2007, lorsqu'il a été invité à participer à un congrès de réconciliation en Somalie. Il était le premier responsable gouvernemental chinois invité à se rendre à Mogadiscio, depuis la guerre civile qui a éclaté en 1991.

"当我到达会场的时候会议正在进行，会议的主持人说中国的代表到场了，这么一句话，全场 1600 多名当地索马里各个部族代表全部站起来，唱歌、跳舞、欢庆，持续十分钟之久，这就是非洲人民对中国人民的感情。"

« Lorsque je suis arrivé à la réunion, l'hôte a annoncé que le représentant de la Chine était arrivé. À cette simple phrase, les 1 600 personnes présentes dans la salle, issues de diverses tribus en Somalie, se sont levées pour chanter, danser et célébrer mon arrivée. Cela a duré environ 10 minutes. C'est dire l'attachement des Africains envers le peuple chinois. »

Lorsqu'il était Ambassadeur au Kenya, il a également assumé les fonctions de Représentant permanent de la Chine auprès du Programme des Nations Unies pour l'Environnement et de Représentant permanent de la Chine auprès du Programme des Nations Unies pour les Établissements humains. Il a activement fait la promotion de la coopération entre le Kenya, la Chine et l'ONU. Il a apporté de véritables bénéfices aux populations locales.

张明在担任中国驻肯尼亚大使期间，同时兼任中国常驻联合国环境规划署和常驻联合国人类居住规划署代表。他积极促进中国与肯尼亚、联合国开展三方合作，给当地人民带来实实在在的利益。

"现在你去内罗毕，在一个贫民窟里面，你会看到一所小学，这所小学的名字叫'北京小学'。当时那个贫民窟里有一所小学，非常的简陋，（我们）同联合国环境署一起协作，用了几个月的时间，把这座学校修缮得焕然一新。我想在这所学校读书的孩子，对世界了解得很少，但至少他（们）知道一个地方：那就是北京。"

« Si vous vous rendez dans un bidonville à Nairobi, vous y trouverez l'école primaire de Beijing. En collaboration avec le Programme des Nations unies pour l'Environnement, nous avons rénové en seulement quelques mois l'école qui fut très simple et rudimentaire. Je pense que les enfants inscrits dans cette école ne connaissent pas beaucoup le monde extérieur, mais ils connaissent au moins Beijing. »

张明全面从事对非洲工作的10年，也是中非关系发展最为迅猛的10年。2006年11月，中非合作论坛北京峰会成功召开，与会各方决定建立中非新型战略伙伴关系。2015年12月4日至5日，中非合作论坛约翰内斯堡峰会在南非成功举行。论坛52个成员方高规格与会，并决定将中非关系提升为全面战略合作伙伴关系。张明，作为中非合作论坛约翰内斯堡峰会的亲历者和组织者，如今也见证着、参与着会议丰硕成果的全面、有效落实。

Les 10 dernières années de la carrière de Zhang Ming correspondent à la période durant laquelle les relations sino-africaines se sont développées très rapidement. Lors du Sommet Chine-Afrique en novembre 2006, la décision a été prise d'établir un nouveau partenariat de coopération stratégique. Au Sommet de Johannesburg les 4 et 5 décembre 2015, 52 chefs d'État et de gouvernement ont décidé d'élever les relations sino-africaines au niveau du partenariat stratégique global. Le Sommet de Johannesburg a donné lieu à des résultats tangibles, dont Zhang Ming, participant et coorganisateur, en est le témoin.

"未来中非合作，核心就是要推动非洲的工业化和农业现代化，那么推动这两化就离不开基础设施的建设，离不开人才的培养，离不开资金的投入，这些都是今后中非合作的重点。"

« L'objectif essentiel de la future collaboration sino-africaine est la promotion de l'industrialisation et de la modernisation agricole de l'Afrique. Cependant, les infrastructures, la formation du personnel qualifié, les investissements de capitaux sont des éléments vitaux à la réussite de la collaboration entre la Chine et l'Afrique. »

中非合作论坛约翰内斯堡峰会绘就了中非合作发展的新蓝图，也为中非合作转型升级提供了前所未有的新机遇。但同时也给包括张明在内的中国对非外交工作者提出了更高的要求。

Le plan de coopération sino-africaine établi lors du Sommet de Johannesburg est une opportunité sans précédent pour développer et renforcer le partenariat sino-africain. Cela signifie également que les affaires diplomatiques dont Zhang Ming s'occupe requièrent une exigence plus stricte.

"只要我在这个岗位上，就要全力以赴地来推动中非合作按照约堡峰会所达成的共识把它（中非合作）快速地、高质量地发展下去，把峰会的成果扎扎实实地落实下去。有人说过那么一句话，说是你可以离开非洲，但是非洲永远不会离开你。"

« Tant que je serai à ce poste, je mettrai tout en oeuvre pour réaliser la coopération entre la Chine et l'Afrique selon les accords de Johannesburg, en m'appuyant sur un développement rapide et de qualité, et en exécutant ce qui a été décidé lors du Sommet. Il y a un dicton qui dit que tu peux quitter l'Afrique mais que jamais l'Afrique ne te quittera. »

张笑贞：Zhang Xiaozhen：

非洲学生的“中国妈妈”

"Mère chinoise" des étudiants africains

坦桑尼亚达累斯萨拉姆大学孔子学院中方院长
Coprésidente, Institut Confucius de l'Université de Dar es Salaam

浙江师范大学 60 年校庆。张笑贞带领 9 位坦桑尼亚高校校长代表团回到母校参加一个国际论坛。10 年前，她从这里走出去，远涉重洋来到喀麦隆。她同雅温得第二大学共同创办的孔子学院连续 10 年获得“全球优秀孔子学院”的殊荣。

“2007年1月，两国元首签署了共建孔子学院的（合作）备忘录。我以孔子学院外派教师的身份派出，来筹备孔子学院。”

« En janvier 2007, les chefs d'État chinois et camerounais ont signé un mémorandum visant à la création conjointe d'un Institut Confucius. J'ai alors été envoyée sur place en tant qu'enseignante de langue chinoise, pour mener les préparatifs de la mise en place de cet Institut. »

张笑贞6月份抵达雅温得。经过短暂5个月的紧张筹备，11月9日，撒哈拉以南非洲国家第一个孔子学院揭牌成立。

Zhang Xiaozhen est arrivée à Yaoundé en juin. Après 5 mois de préparatifs intensifs, c'est le 9 novembre que le premier Institut Confucius en Afrique subsaharienne a vu le jour.

“我们校园建在一个山顶。一遇到停电，一片漆黑。学生跟我关系非常好，叫我不要怕，扶着我下山，帮我叫出租车。”

« L'institut a été aménagé au sommet d'une montagne. Lorsqu'il y avait des coupures de courant, on était alors plongés dans l'obscurité. Mes étudiants étaient très gentils avec moi. Et ils m'ont toujours dit de ne pas avoir peur et m'accompagnaient jusqu'au pied de la montagne pour m'aider à trouver un taxi. »

太极拳培训、卡拉OK大赛、汉语夏令营……丰富多彩的汉语活动很快就引起了喀麦隆社会广泛的关注。喀麦隆人对汉语的热情也深深地震撼了张笑贞。

Aller à des cours de boxe de Taiji, participer à des concours de karaoké, se rendre dans des camps d'été. Les activités diverses et variées en lien avec la langue chinoise ont vite suscité un intérêt chez la société camerounaise. Et Zhang Xiaozhen a aussi été mis en émoi par l'enthousiasme des Camerounais pour l'apprentissage du chinois.

"有一家人两个女儿、一个儿子、夫妻两个全都来报名学习了，坐在一个班里面。最小的才 5 岁。我们自己都觉得很有趣。父母希望孩子从小学习汉语，因为他跟中国做生意尝到了甜头。他觉得学汉语是非常有用的。"

« Un couple camerounais avec leurs deux filles et un fils se sont inscrits tous ensemble pour apprendre le chinois. Et ils étaient dans la même classe. Le plus petit n'avait que 5 ans. Nous trouvions cela très drôle. Les parents espéraient que leurs enfants pourraient assimiler le chinois dès le bas âge, car eux-mêmes ont bien profité du commerce avec la Chine. Pour eux, la langue chinoise est aussi bien importante qu'utile. »

为了克服地理上的不便，张笑贞派汉语教师亲自前往喀麦隆多个大学进行授课。在 2010 年她离任时，孔院在喀麦隆共有 8 个联合教学点和 3000 多名注册学生。马鲁阿（Maroua）师范大学还开设了汉语专业，培养本地汉语教师人才。喀麦隆外交部特授予她骑士勋章，肯定她为两国文化交流做出的贡献。但对于她来说，最大的褒奖，却来自学生的成就。

Pour surmonter les difficultés géographiques, Zhang a mandaté des enseignants de chinois dans différentes universités du pays pour y dispenser des cours. À la fin de son mandat en 2010, l'Institut Confucius avait 8 sièges de formations à travers le pays et plus de 3 mille étudiants enregistrés. L'Université normale de Maroua a créé un cours spécialisé de chinois visant à former des enseignants professionnels locaux. Le Ministère camerounais des Affaires étrangères lui a décerné une médaille de Chevalier pour la récompenser de sa contribution aux échanges culturels entre les deux pays. Mais pour elle, la récompense se trouve ailleurs.

“我第一个教的学生叫罗密欧。他来中国参加‘汉语桥’比赛居然获得了全球‘汉语桥’的第三名。他在华东师范大学读博士。我们之间还保持着紧密的联系。他一拿到结婚照就发给我了。他说：‘老师我结婚了。’我说：‘我恭喜你。’过了一年以后他就说：‘老师我有宝宝了。’我说：‘真的不错。’”

« Mon premier étudiant s'appelait Roméo. Il est allé en Chine pour participer au Concours international « Passerelle vers le chinois » et, à la surprise de tous, a remporté le troisième prix. Il fait ses études en doctorat à l'Université normale de l'Est de la Chine. Et jusqu'à présent nous restons toujours en contact. Il m'a envoyé sa photo de mariage quand il s'est marié. Il a dit : "Professeur, je me suis marié!" Je lui ai répondu : "Toutes mes félicitations !" Un an après, il m'a annoncé : "Je viens d'avoir un bébé." J'ai dit : "Bravo, c'est vraiment bien. »

2013 年，她再次来到坦桑尼亚。这一次，为学生的毕业出路奔走，成了她工作的重心。

En 2013, elle part de nouveau, en direction de la Tanzanie. Cette fois-ci, aider ses étudiants diplômés dans la recherche d'un emploi est la priorité de sa nouvelle mission.

“我们中资企业有近两百家，每年可以提供岗位 8 万个左右。孔子学院要给学生和企业搭建桥梁。”

« On compte en Tanzanie près de 200 entreprises chinoises qui chaque année fournissent environ 80 mille emplois. Notre Institut Confucius a bâti un pont entre les étudiants et ces entreprises. »

张笑贞每年因工作都要在中非两地往返多次。和女儿的团聚既短暂且少之又少。遥远的距离，让她将给女儿的爱都给了非洲学生。在那里，她有一个美丽的名字。

Chaque année, Zhang Xiaozhen va et vient entre la Chine et le continent africain. Mais les retrouvailles avec sa fille sont toujours rares et courtes. Alors qu'elle est loin de sa fille, il y a cet amour et cette tendresse qu'elle donne à ses étudiants africains. Et là-bas elle a même un nom agréable à entendre.

“他们都亲切地叫我‘中国妈妈’。这个中国妈妈我还要继续做下去。”

« Ils m’appellent affectueusement « maman chinoise ». Et je suis prête à honorer cette appellation que j'aime tant. »

后记
Épilogue

春华秋实一甲子，薪火相传六十年。

Tout comme les fruits qui suivent la floraison, un cycle de soixante ans s'est écoulé.

60 年前的 1956 年 5 月，中国同埃及建立正式外交关系，非洲有了第一个承认新中国政府并建交的国家，中非外交关系迎来一个全新的时代。

Soixante ans plus tôt, en mai 1956, la Chine a officiellement établi une relation diplomatique avec l'Égypte, premier pays africain reconnaissant le gouvernement de la Chine Nouvelle. Les relations entre la Chine et l'Afrique sont alors entrées dans une nouvelle ère.

60 年倏忽的光阴中，世界形势变化的步伐从未停止，而且日益加速，然而始终不变的，是中非之间彼此信任、相互扶持的深厚情谊。

Pendant ces soixante ans, qui sont passés en un clin d'œil, la situation mondiale a sans cesse évolué et tout est en train de s'accélérer. Pourtant, ce qui reste inchangeable, c'est ce sentiment profond entre la Chine et l'Afrique, qui se font confiance et s'entraident.

为了给这 60 年的历程留下一点纪念，我们扛起摄像机，走访了 60 位中非情谊的见证者，用镜头记录下一个个普通又不普通的故事。

Pour laisser une trace de ce parcours de soixante ans, nous avons visité 60 témoins de l'amitié sino-africaine et filmé des histoires à la fois ordinaires et peu communes.

纳米比亚国父向我们展示了刚刚取得独立并结束种族隔离政策的纳米比亚，我们像是来到了 30 多年前的这个非洲西南部的国家，眼看着一座座中国援建的学校、医院拔地而起；

Le père de la patrie en Namibie nous a montré un pays qui venait d'obtenir l'indépendance et de mettre fin à l'apartheid, comme si nous étions dans ce pays du Sud-Ouest de l'Afrique trente ans plus tôt et que nous pouvions voir apparaître les écoles et les hôpitaux dont les constructions ont été financées par la Chine ;

资深非洲外交官的讲述，把我们带回到 1971 年的第 26 届联合国大会会场，会议宣布恢复中国在联合国的合法席位，全场掌声雷动，一些激动的非洲国家代表热烈欢呼，当场起舞；

Les histoires des diplomates africains vétérans nous ramènent à la 26e session de l'Assemblée générale des Nations Unies en 1971, lors de la déclaration de la restauration du siège légitime de la Chine à l'ONU. Les applaudissements avaient alors éclaté et des représentants africains, très émus, dansaient sur place;

分享 87 岁高龄的中国工程师的记忆，我们仿佛置身于几十年前的东非大裂谷，坦赞铁路难度最大的姆马段从这里经过，中国工程技术员与当地人民在工地上挥汗如雨；

Le partage de la mémoire d'un ingénieur chinois de 87 ans nous a fait voyager dans la vallée du rift des dizaines d'années plus tôt. La construction de la section de Mlimba à Makambako fut la plus difficile de la voie ferrée Tanzanie-Zambie, les techniciens chinois et les locaux étaient en sueur ;

跟随中国第一支援阿尔及利亚医疗队队员的追溯，我们穿越到 50 年前靠近撒哈拉沙漠的简陋医疗站。在那里，中国医生献血并进行手术，救当地牧民产妇于危难。

Avec les membres de la première équipe d'assistance médicale chinoise en Algérie, nous avons revécu la vie dans les stations simples près du désert du Sahara 50 ans plus tôt. Ici des médecins ont donné leur sang et ont fait des opérations pour sauver des femmes qui accouchaient.

中非携手并进的 60 年，汇集的不仅仅是昨天的感动。今天，在经济、文化、环境、医疗卫生、航空航天、基础设施建设等方面，中国和非洲的合作如火如荼。

Au cours de ces soixante ans, la Chine et l'Afrique avançaient la main dans la main. Le passé a été fructueux, et le présent l'est aussi, car dans les domaines de l'économie, la culture, l'environnement, la santé et les soins, la navigation aérienne et spatiale et les infrastructures, les coopérations entre la Chine et l'Afrique battent leur plein.

在采访中，我们面对着的，是一张张投身于中非交流合作的真诚面孔：来自马里的中医学博士，多次走访中国边远地区培训乡村医生，希望把中国传授给他的技艺回馈给这片土地；在坦桑尼亚居住多年的中国木雕收藏家，提起当年在非洲的点滴，满脸幸福，讲到他们夫妇对非洲木雕艺术的执着追求，潸然泪下；中国篮球明星姚明作为动物保护组织的公益大使，对非洲野生动物的生存情况如数家珍，并期盼着有一天再次踏上非洲的土地；埃博拉疫情最为严重的时候，北京友谊医院副院长带领医疗队奔赴几内亚，在一线战斗了一年半，每每提起这份对生命的坚守，他眼里充满自豪。

Lors des interviews, nous avons rencontré des gens sincères ayant consacré toute leur énergie aux coopérations et échanges sino-africains : un docteur spécialisé en médecine chinoise au Mali, qui a visité des régions frontières à plusieurs reprises pour former des médecins ruraux et qui espère léguer aux locaux les technologies qu'il a assimulées en Chine ; un collectionneur chinois de sculptures en bois ayant habité en Tanzanie parle avec joie de leurs histoires en Afrique ; la star du basket-ball chinois Yao Ming, en tant qu'ambassadeur de l'Organisation de protection des animaux, nous parle de la survie des animaux sauvages en Afrique, il espère retourner en Afrique bientôt ; lors de l'épidémie d'Ebola, le vice-président de l'Hopital de l'Amitié de Beijing a amené en Guinée une équipe médicale, qui a combattu en première ligne un an et demi, il est très fier de ces actions qui ont sauvé des vies.

新中国第九任外交部部长李肇星说:“我们中非双方相互帮助，携手并进，这不是客套话，不是外交辞令，是真的。是因为中国人民是诚恳的，非洲人民是诚恳的。”

Le neuvième ministre des affaires étrangères de la Chine Nouvelle, Li Zhaoxing, a dit: « Cela n'est ni une propos anodin de courtoisie, ni une formule utilisée dans les affaires étrangères, de dire que les deux parties, la Chine et l'Afrique, doivent s'entraider pour réaliser un développement commun, c'est la vérité. Car le peuple chinois comme le peuple africain est sincère ».

60年的友谊，60年的携手，成就了今天，更让中非双方展望、构筑充满希望的明天。当我们把60位人物的回忆与讲述集结成册，感觉手里捧着的，已不是书本，而是沉甸甸的爱和收获。

Une amitié et une entraide de soixante ans, qui ont construit la belle situation actuelle, et aident la Chine et l'Afrique à regarder au loin et à construire un avenir prometteur. Quand nous avons mis les mémoires et les histoires des soixante personnages dans un livre, nous avons senti que ce n'était plus un livre que nous avions en mains, mais un amour précieux et une récolte abondante.

谨以此书，向每一位曾经以及正在投身于中非友好的朋友致以诚挚的敬意！

Ce livre est dédié à ceux qui ont et sont en train de consacrer leurs vies à l'amitié sino-africaine !

B&R Book Program
2017 年国家新闻出版广电总局"丝路书香工程"重点翻译资助项目

图书在版编目（CIP）数据

同舟共济一甲子：中非建交60周年人物录：汉法对照 / 中国中央电视台法语国际频道编. —武汉：湖北科学技术出版社，2018.1
ISBN 978-7-5352-9701-3

Ⅰ. ①同… Ⅱ. ①中… Ⅲ. ①中外关系 – 国际关系史 – 史料 – 非洲 – 汉、法 Ⅳ. ① D829.4

中国版本图书馆 CIP 数据核字（2017）第 234462 号

选题策划 何 龙 杨云鹏 祝李涛
责任编辑 杨瑰玉 刘 亮 曾紫风
封面设计 喻 杨

出版发行 长江出版传媒 湖北科学技术出版社
地 址 武汉市洪山区雄楚大街 268 号
（湖北出版文化城 B 座 13–14 楼）
邮 编 430070

印 刷 武汉市金港彩印有限公司
邮 编 430023

开 本 700 × 1000 1/16 4 插页 19.75 印张
字 数 365 千字
版 次 2018 年 1 月第 1 版
2018 年 1 月第 1 次印刷
定 价 98.00 元